바다를 건넌 사람들 I

바다를 건넌 사람들 Ⅰ

부경대학교 해역인문학 시민강좌 총서 03

초판 1쇄 발행 2021년 6월 30일

지은이 서광덕 외
펴낸이 강수걸
편집장 권경옥
편집 강나래 신지은 김리연
디자인 권문경 조은비
경영지원 공여진
등록 2005년 2월 7일 제333-3370000251002005000001호
주소 부산시 해운대구 수영강변대로 140 BCC 613호
전화 051-504-7070 | 팩스 051-507-7543
홈페이지 www.sanzinibook.com
전자우편 sanzini@sanzinibook.com
블로그 http://sanzinibook.tistory.com

ISBN 978-89-6545-724-4 04900
ISBN 978-89-6545-723-7 (set)

* 책값은 뒤표지에 있습니다.
* 이 책은 2017년 대한민국 교육부와 한국연구재단의 지원을 받아 수행된 연구임.
(NRF-2017S1A6A 3A01079869)
* 잘못된 책은 구입하신 곳에서 교환해 드립니다.

부경대학교 해역인문학 시민강좌 총서 03

바다를 건넌 사람들 I

부경대학교 인문한국플러스사업단 엮음

산지니

책을 펴내며

부경대학교 인문한국플러스(HK+)사업단은 '근현대'라는 시간과 '동북아해역'이란 공간을 배경으로 전개된 다양한 인간과 문물의 교류를 네트워크라는 시각에서 조망하여 21세기 새로운 문명론적 전망을 구상하는 데 일익을 담당하고자 한다. 이러한 목표 아래 사업단은 연구 성과를 학술 총서로 모아내고, 동시에 그것을 대중에게 보급하고자 노력해왔다. 일반 시민을 대상으로 한 교양서를 시민강좌총서라는 형태로 발간해왔는데, 이미 『해양사의 명장면』, 『동북아 바다, 인문학으로 항해하다』를 출판했다. 이번에는 이 두 권의 책과 달리 장기적인 기획하에 '바다를 건넌 사람들'이란 제목으로 연속 시리즈의 첫 권을 선보인다. 이것은 이후 '바다를 건넌 문물들'이라는 제목의 연속 시리즈로 연결될 것인데, 이 '바다를 건넌 ○○○' 시리즈는 부경대 인문한국플러스사업단이 발간하는 교양서의 대표적인 책이 될 것이다.

『바다를 건넌 사람들 1』은 크게 3부로 구성했다. 특정 목적을 위해 바다를 횡단한 사람들로 크게 상인, 선교사, 유학생(사절단)을 중심으로 했다. 이외에도 바다를 건넌 사람들은 많이 있겠지만, 그것은 이어질 『바다를 건넌 사람들 2』 등에서 담아낼 예정이다. 1부 '상인, 동서양을 연결하다'에는 3편의 상인 얘기를 담았는데, 상인만큼 확실한 목적을 위해 움직이는 이들도 없을 것이다. 바로 이윤이다. 그래서인지 상인은 전통적으로 사기꾼이라는 부정적인 이미지와 어떤 난관도 두려워하지 않는 도전자라는 긍정적인 이미지가 겹쳐 있다. 무역을 위해 대양을 횡단한 서양 상인들 그리고 근대 초기 일본인 상인과 조선의 인삼 상인들의 얘기를 통해 이들이 바다를 건넌 이유와 그 경험을 맛볼 수 있을 것이다. 2부 '선교사, 미지의 세계를 열다'에는 3편의 선교사들 얘기를 실었다. 일본 규슈현 곳곳에 동상이 세워져 있는 예수회 선교사 프란시스 하비에르의 선교 활동은 당시 예수회의 동아시아 선교사(史) 위에서 읽는다면 더욱 재미있다. 19세기 개신교 선교사로서 태국과 중국, 일본 그리고 조선까지 왔었던 카를 귀츨라프는 특히 배를 타고 중국 연해를 유람하면서 선교한 일화로 유명하다. 마지막에 한중일 가운데 현재 하나님의 복음이 가장 널리 전파된 한국의 전도 역사를 전래한 선교사들을 통해 얘기한다.

앞의 1, 2부가 주로 바다를 건너 동아시아로 온 사람들의 얘기라면, 3부 '더 넓은 세계를 향해 바다를 건너다'는 넓은 세상을 보기 위해 바다를 건너간 동아시아인들의 얘기다. 여기에는 사절단 얘기 1편과 유학생 얘기 3편을 실었다. 19세기 중후반부터 시작된 서구 근대문물을 직접 가서 보고 배우고 수용하려는 흐름은 동아시아에서 큰 물결을 이루었다. 관료들의 구미 시찰을 시작으로 젊은 청년들의 유학으로 전개된 이 신문물 수용의 대열을 4편의 얘기로 하기에는 다소 부족한 감이 없지 않다. 특히 구미 사절단은 중국과 일본의 경우는 여러 차례 대양을 건넜고, 그들의 기록 또한 많이 남아 있어 당시 구미의 사회적 상황과 근대산업의 발전 정도를 확인할 수 있다. 3편의 유학생 얘기는 공교롭게도 모두 한국 청년들의 유학경험을 적었다. 게다가 유학지가 구미가 아니라 중국과 일본이다. 근대화에 다소 늦었던 당시 한국에서 신문화를 배우기 위해 이웃나라로 유학을 떠났던 조선 학생들의 얘기이다. 마지막 얘기는 한국의 근대 수산업을 이끈 부경대학교 초대 총장의 유학에 대한 내용이어서 새롭다.

앞으로도 부경대학교 시민강좌총서는 바다를 대상으로 활동했던 많은 사람들의 얘기를 건져 올리고, 또 바다를 통한 문화교류의 양상도 다양한 차원과 대상을 통해 소개할 예정이다. 독자들의 많은 관심을 기대한다.

부경대학교 인문한국플러스사업단 단장 손동주

차례

1장

상인, 동서양을 연결하다

동아시아 바다에 등장한 서양 상인들

상인=사기꾼?

상인이라고 하면 보통 부정적인 이미지를 떠올린다. 상인은 물건을 사고 파는 과정에서 이윤을 추구하는 사람들로서 이 사이에 사기나 담합과 같은 부정이 개입할 여지가 많기 때문이다. 동서양을 막론하고 전통적으로도 상인은 그다지 좋은 대접을 받은 것은 아니었던 듯하다. 사농공상(士農工商)이라는 계급 구분에서도 가장 말단에 위치한 이들이 상인이었고, 서양에서도 상인은 나쁜 직업의 예시로 등장하는데, 그것은 거짓말을 한다는 이유에서였다. 그리스에서는 상인의 신인 헤르메스가 도둑과 사기꾼의 신까지 겸했다는 말이 있을 정도다.

재미있게도 상인(商人)이라는 한자가 원래 '상(商)나라 사람(人)'

을 가리키는데, 상나라 사람들은 주나라에게 조국이 멸망당한 후 먹고살기 위해 장사라도 해야 했으며, 주나라 사람들은 장사를 상나라 사람들이 하는 일이라고 하여 '상업'이라고 하였고, 장사를 하는 사람들을 '상인'이라고 불렀다. 이와 같은 어원(語源)의 유래를 통해서도 상인은 세상을 어지럽히는 사람이며, 또 생계를 위해 천시받는 일을 할 수밖에 없는 계층이라는 사실을 알 수 있다.

상인=모험가?

하지만 상인에 대해서 이런 나쁜 이미지만 있었던 것은 아니다. 고려시대에 한반도까지 왔었을 뿐만 아니라 유럽과 아시아 사이에서 교역으로 큰 부를 축적했던 아라비아 상인은 다양한 이야기의 소재로서 등장하는데, 특히 '신드바드의 모험'은 대표적이다.

아라비아 상인들의 이러한 장거리 교역은 그 시간과 공간의 크기로 많은 이야기를 낳았고, 그래서 상인을 모험가로서 형상화시켰던 것이다.

유럽 역시 예외가 아니었는데, 12세기 무렵 '상업 공화정'이라고 불릴 정도로 국가의 수입에서 상업의 비중이 높았던 이탈리아 북부의 베네치아나 제노바 그리고 피렌체와 같은 이탈리아의 일부 공화국들에서는 상인들이 주도권을 잡았다. 그 밖에 네덜란드, 플랑드르, 그리고 노르웨이의 베르겐, 러시아의 노브고로드, 영국의 런던 등 북유럽의 한자동맹에 속해 있던 도시에서도 상인들의 대우가 상당히 좋은 편이었다. 이처럼 유럽에서 각 도시를 중심으로 해서 상인들의 역할과 위상이 높아졌다.

이렇게 상인은 예전의 부정적인 이미지에서 벗어나 도전과 모험심을 가진 개척자로서 변신하였다. 상인들의 모험가적인 성격은 대항해시대 이후 한층 두드러진다. 배로 대양을 누빈다는 것 자체가 용기와 모험심이 없으면 안 되는 일이다. 당시 유럽인들이 아시아로 항해를 떠난다는 것은 아마도 보물섬을 찾아 떠나는 여행이었을지도 모른다. 물론 이를 위해서는 철저한 준비도 필요하지만, 바다에서는 어떤 일이 일어날지도 모르는 위험이 도사리고 있어서 용기도 필요했다. 이러한 곤경에도 불구하고 바다로 나간다는 것은 그에 상응하는 대가를 얻을 수 있다고 생각했기 때문이다.

상인=군인?

아시아로 가는 항로가 개설되고 이로 인해 많은 유럽 상인들이 아시아로 몰려가게 되자, 이러한 과도한 경쟁을 피하면서 아시아 무역의 이익을 독점하기 위해 생긴 것이 바로 17세기 초 유력 상인이 공동 출자하여 설립한 '동인도회사'다.

1602년에 설립되어 한때 세계의 바다를 제패했던 네덜란드의 동인도회사는 "전투 없이 거래 없다(No business without battle)"라는 캐치프레이즈를 내건 것으로 유명하다. 이들은 현지에서 무역을 할 만하면 무역을 하고, 자신들에게 유리한 방향으로 무역이 이루어지지 않으면 군사력을 동원해서 뜻을 관철했다. 네덜란드 동인도회사는 유럽의 최신식 '무기'와 '상업'이라는 두 개의 칼을 앞세워 인도양을 휩쓸고 동중국해까지 도달했던 것이다.

네덜란드를 비롯해 당시 유럽의 국가들은 모두 이러한 방식으로 무역을 했고, 여기에는 무기 곧 군사력을 배경으로 하고 있었다. 따라서 이 국가들의 상인은 곧 군인이기도 했던 셈이다. 무역과 전쟁은 하나라는 입장을 갖고 이를 도덕적으로 부끄러워하거나 반성할 생각이 전혀 없는 유럽 세력이 오늘날의 글로벌 질서를 만들었다. 이는 자연스럽게 해외 식민지 쟁탈전이라는 형태로 전개되었다. 곧 전투를 치르고 큰 이익을 얻었던 관성이 세계를 전쟁으로 몰아넣었던 것이다.

이렇게 보면 유럽에서 시작된 근대는 전쟁을 필수적으로 수반할 수밖에 없었던 것이고, 그래서 상업(무역)은 약탈을 당연시했다고 할 수 있다. 이러한 상인을 필두로 아시아 해역에 당도한 유럽

런던의 영국 동인도회사 건물

네덜란드 동인도회사 깃발

세력은 화상(華商)을 비롯해 여기서 상업 행위를 하고 있던 아시아 상인들과 조우하게 된다.

유럽 자유상인의 출현: 자딘 매시선사

한편 이러한 동인도회사의 독점에 반대하며 자유무역을 주장하던 유럽의 개별 상인들 역시 아시아 특히 중국 연해에서 공행(公行, 청조가 외국 상인과의 교역을 허가한 중국 상인)이 아닌 일반 중국 상인들과 무역을 전개하고 있었다. 특히 영국 동인도회사의 간섭을 벗어나기 위해 영국의 자유상인들은 광저우(廣州) 등지에 머물면서 런던 등 유럽 현지의 상인들을 대신하는 대리상으로 활동했다.

이들은 유럽 현지나 인도 상인들을 대신하여 상품의 위탁 판매, 화물의 운반 및 보관, 결제와 송금 등을 처리해주고 수수료를 받았다. 1800년에 이런 자유 상인들의 업체가 약 40여 개가 있었고, 이 가운데 1824년에 설립된 배그니악사가 있었다. 이것은 뒤에 1832년의 자딘 매시선사(Jardine, Matheson & Co, 중국명 怡和洋行)로 성장하게 되는데, 개항 전부터 광저우와 마카오에 진출한 서양 상인들 중에 스코틀랜드 출신인 윌리엄 자딘(William Jardine)과 제임스 매시선(James Matheson)이 세운 것이다.

훗날 극동 최대의 무역회사로 성장한 이 회사는 초기에는 주로 중국차를 영국에 가져가 팔고, 인도의 아편을 중국에 내다 팔아 자본을 축적하였다. 자딘은 직원의 특권인 할당된 화물적재 공간

1815년 전후 광저우 외국상관 지구

을 활용해 아편 교역에 종사하여 적지 않은 자본을 모았다. 이들은 1834년 동인도회사의 독점이 폐지된 이후 아편 무역에서 커다란 이익을 남기게 되고, 이것이 아편전쟁을 유발시킨 것은 잘 알려진 사실이다.

당시 자딘 매시선사의 강점은 경쟁자들을 앞서는 쾌속범선이었다. 차 시장은 신차(新茶) 프리미엄이 큰 상품이었으므로 막 새로 딴 신차를 소비지인 영국에 더 빨리 배송할수록 높은 마진을 누릴 수 있었다. 자딘은 빠른 배송력으로 동인도회사의 옛 시장을 거의 흡수했는데, 자딘 선단 중에 특히 유명했던 실프호(Sylph)는 캘커타에서 마카오까지 17일 17시간 만에 주파하여, 범선으로서 누구도 깨지 못한 기록을 세웠다. 1830년대 이래 이 회사는 아시아 최대의 무역회사로 성장하였고, 중국 대외교역의 약 절반 가량을 장악했다. 1841년까지 자딘 매시선사는 19척의 대륙 간 쾌속범선, 연해와 내륙수운에 밀수를 위해 수백 척의 선박과 보트를 보유했다. 주된 사업은 인도 아편을 중국에 밀수하고, 필리핀에서 설탕과 향료를 중국에 가져와 교역했으며, 중국에서는 차와 비단을 가져가 영국에 수출하였다. 1837년에 자딘 매시선사의 차 판매액은 300만 달러(약 70만 파운드), 1838년의 아편 판매액은 700만 달러(약 160만 파운드)나 되었다.

1885년에 상하이 와이탄에 지은 러셀사 건물

다른 서양의 양행(洋行)들

광저우-마카오 시기부터 진출한 양행 중에 자딘 매시선사와 경쟁한 대표적인 양행으로는 같은 영국자본인 덴트사(Dent & Co.)와 미국 상사 러셀사(Russell & Co.)가 있었다. 덴트상회(중국명 寶順洋行, 顚地洋行)는 데이비슨사(Davidson & Co., 중국명은 達衛森行)를 전신으로 하는데, 포르투갈 국적이었던 윌리엄 S. 데이비슨이 중국-인도 간 무역의 대리상으로 광저우(廣州)에 설립한 회사였다. 동업자로 참여하던 토마스 덴트(Thomas Dent)와 란셀롯 덴트(Lancelot Dent) 형제가 윌리엄 데이비슨이 은퇴한 후 1824년 광저우에서 회사를 "Dent & Co."로 개명하면서 정식으로 성립했다.

러셀사(Russell & Co.)는 미국 독립 이후 중국과 미국 간 무역이 확대되어가던 1824년에 광저우에서 설립되었다. 그 전신은 Samuel Russell & Company(剌素洋行)로 1818년에 세워진 회사인데, Russell & Co.가 1830년에 Perkins & Company의 사업을 넘겨받으면서, 동아시아에서 대표적인 상사(commercial house)로 성장하였다. 러셀사의 창립자인 사뮤엘 워스워드 러셀(Samuel Wadsworth Russell, 1789~1862)은 코네티컷주 미들타운 출신으로 29세인 1818년에 차, 비단, 인삼 등을 취급하는 미국 상사의 대리인으로 처음 광저우에 왔다. 그러나 그는 곧 아편 무역의 고수익성에 눈을 뜨고 대리인을 그만두고 독자적으로 동업을 구성하여 러셀사를 설립하여 자딘, 덴트사와 더불어 최대의 아편상으로 발전했다. 사뮤엘 러셀은 1836년에 미들타운으로 은퇴했지만, 러셀사는 1842년까지 중국내 미국 양행 중 최대 회사로 발전하여, 1891년 파산할 때까지 그 지위를 유지하였다.

자딘 매시선, 덴트, 러셀 모두 기본적으로는 성격과 취급 품목에서 유사하다. 모두 일종의 오파상인 위탁판매상으로 각각 중-영 무역과 중-미 무역을 주력으로 하되, 인도와 동남아시아에도 지점을 두고 다양한 상품을 취급하며 아시아 역내 교역도 진행하면서 수익을 극대화하였다. 세 회사는 모두 광저우에서 무역 활동을 하다가 개항과 함께 바로 상하이(上海)로 진출하게 된다.

아편무역과 전쟁

자딘 매시선사의 제임스 매시선과 윌리엄 자딘은 바로 아편 거래를 통해 성장한 상인들이다. 이들은 아편을 중국에서 팔기 위해 연해 무역을 주도했다. 1824년 제임스 매시선이 연해에서 아편 거래를 처음 시작한 이후, 시장을 개척하기 위해 쾌속선을 타고 상하이와 톈진(天津) 등 중국 연해를 돌아보고 또 푸저우(福州)와 취안저우(泉州) 해안의 실사를 다니기도 했다.

중국 연해의 영국 아편 무역선

1836년 말에 자딘 매시선사는 12척의 선박으로 선단을 구성하여 연해에서의 거래를 '합법적인 시스템'으로 만들어갔다. 이러한 자딘 매시선의 아편 거래 방식은 미국이나 다른 유럽 국가들의 자유상인들에게도 영향을 주었고, 이를 통해 성장한 회사가 적지 않았다. 이와 같이 중국 연해를 선단을 끌고 아편 거래를 했던 방식을 '연해 시스템'이라고 부른다. '외곽에 배를 정박시키고 거래하는 시스템'인데, 이를 청정부가 금지시키고자 했지만 지리적인 면에서 길고 굴곡이 완만한 중국 동부의 해안 지대는 해상 밀수가 용이했고, 공권력의 쇠약으로 특히 관료 조직이 효율적으로 대응하지 못해 단속이 쉽지 않았다. 물론 이 시스템에 중국 상인들도 가세한 것은 말할 것도 없다.

배를 이용해 연해에서 아편 무역을 하던 이런 시스템은 아편전쟁 시기에 큰 공헌을 하게 된다. 곧 자딘 매시선은 자신들이 갖고 있던 무장한 아편선을 영국 해군에게 빌려주고, 상선의 선장에게 도항원을 맡기고, 번역요원과 지도를 제공하여 영국해군이 장강(長江)에 깊이 진입할 수 있도록 도와 일거에 난징(南京)을 점령하고 이로써 오구통상(五口通商, 1843년 광저우, 푸저우, 샤먼廈門, 닝보寧波, 상하이 등 다섯 개 항구의 개항)의 대문을 열어젖히도록 했던 것이다.

기선회사의 설립

아편전쟁 이후에도 지속적으로 아편 무역에 치중하던 자딘 매시선사는 1870년대에 들어서자 선박 사업에 전력을 쏟으면서 점차 아편 무역에서 손을 떼었다. 중국의 아편 상인들의 연해 곳곳에서 영향력을 넓혀가면서 경쟁이 되지 않은 것이 하나의 원인이었다. 이후 이들이 주목한 것은 선박을 이용한 해운업이었다. 중국의 생사와 차를 수출하면서 치열한 경쟁이 전개되어 19세기 초에는 이미 '배의 속도에 따라 운송비가 정해지는 방식'이 시행되고 있었다.

1860년대 이후 '빠른 배들이 수시로 아슬아슬한 속도 경쟁'을 벌이기 시작하고, 또 1870년대 중반 이후부터는 선박의 소유권을 변경하기 쉽고, 영국 상법 특히 유한 배상 책임에 관한 법률이 중국에 있는 영국 선박에도 적용되었기 때문에 자딘 매시선사는 중국연해기선해운회사를 설립하고, 1879년에는 중국 자본을 유치하여 양쯔강 기선회사를 설립하였다. 이러한 해운회사의 설립은 바다만이 아니라 중국 내부의 강을 이용하여 내륙 안까지도 외국 상인들이 직접 교역을 할 수 있게 되었음을 말한다.

유럽 상인들의 네트워크

윌리엄 자딘(William Jardine, 1784~1843)은 1784년 스코틀랜드 덤프리셔(Dumfriesshire) 로크메이븐(Lochmaben)의 작은 농가에서 다섯 아들 중 둘째로 태어났다. 9살에 아버지를 잃었으나 형의 원조로 에든버러 대학에서 외과 의사 자격증을 딸 수 있었다. 1803년 19세의 자딘은 동인도회사의 승선 의사가 되어 이후 14년간 동인도회사에서 일하였다. 제임스 매시선(James Matheson, 1796~1878) 역시 스코틀랜드 태생으로, 서덜랜드(Sutherland)의 레어그(Lairg)가 고향이다. 매시선도 에딘버러 대학을 다녔는데, 1815년에 동인도회사로부터 자유무역상(free merchant)의 자격증을 획득하면서 캘커타로 건너가 삼촌의 무역회사(Mackintosh & Co.)에서 일을 시작했다.

윌리엄 자딘과 제임스 매시선

이러한 자유상인의 강점은 친족이라는 유대 관계에서 생기는 끈끈하고 강력한 친밀감을 바탕으로 한 절대적 충성심과 책임감이라는 무기였다. 인도 상인이든 영국에서 온 무역상이든 동양에서의 상업은 긴밀한 혼인 관계와 가족이라는 집단을 바탕으로 발전하였다. 특히 영국 상인들은 사업 파트너들끼리 가족 내의 통혼을 통해 친척 관계를 형성함으로써 그들의 회사 이름에서 암시하는 것보다 훨씬 강력한 유대감을 지니고 있었다. 자딘 매시선사의 동업자 가운데 7명이 이 회사 창업자의 조카들인 것만 봐도 이 회사가 바로 자유상인 발전의 축소판임을 알 수 있다.

자딘 매시선사의 설립자는 윌리엄 자딘과 제임스 매시선이지만, 매시선 집안은 제2대 이후 회사의 운영에서 퇴출되었고, 이후 윌리엄 자딘의 누이 부부(남편 존스턴)의 자식들이 운영을 맡게 된다.

특히 딸 마가렛 존스턴이 토마스 케직과 결혼하면서 케직가가 자딘 매시선사를 실제로 이끌게 된다. 이러한 혈연을 중심으로 한 가족 운영의 형태는 화교 곧 중국인 상인과 연결되면서 동아시아 내에서 하나의 큰 네트워크를 형성하게 된다. 이것은 자딘 매시선사가 중국을 벗어나 조선과 일본에 진출했던 데서 두드러진다.

네트워크의 동아시아 확대

어떤 학자는 근대 이후 동아시아 해역에 등장한 서양 상인들을 트랜스내셔널 상인 디아스포라(transnational merchant diaspora)라고 불렀다. 한자로는 구교(歐僑)라고도 했는데, 이는 화교라는 말과 대조된다. 이미 서양 상인들이 출현하기 전부터 동남아시아를 비롯해 동아시아 해역 전반에 걸쳐 교역망을 형성하고 있던 중국 상인 곧 화상(華商)으로, 모국이 아닌 지역에 이주해 살면서 상업행위를 하던 화교에 빗대어 만든 용어다. 스코틀랜드 출신 상인인 자딘과 매시선이 만든 자딘 매시선사, 그리고 이곳에서 일했던 많은 서양인 직원들 가운데 일부는 바로 구교인 셈이다.

이러한 인적 네트워크는 자딘 매시선사의 조선과 일본 진출로도 이어진다. 우리에게 인천각으로 잘 알려진 인천의 근대 건축물 존스턴 별장은 조선과 자딘 매시선사의 관계를 잘 보여주는 것이다. 제물포에 있었던 존스턴 별장의 주인 제임스 존스턴은 사업적으로 가장 번성했던 자딘 매시선사의 설립자 윌리엄 자딘의 생질녀의 아들 윌리엄 케직의 동생 제임스 존스턴 케직이다. 제임스 존

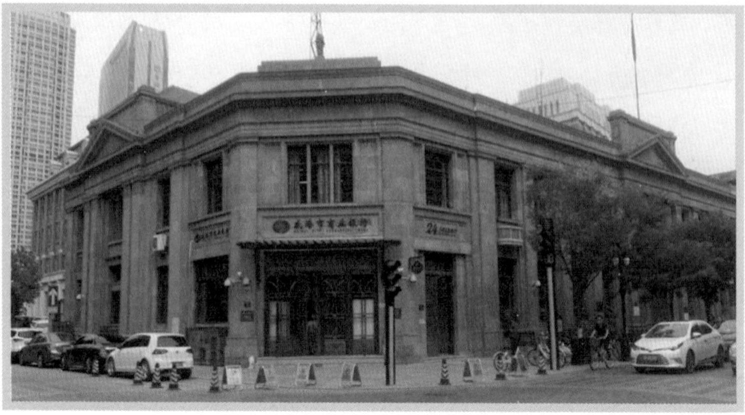

1867년 설립된 자딘 매시선사 톈진 지사 건물

존스턴 별장

스턴 케직은 1884년과 1885년 상하이 공공조계공부국 이사장을 역임했을 정도로 상하이에서 강력한 권력층이었고 또 자딘 매시선사를 이끄는 대표적 타이판(大班, 기업가) 중 하나이기도 했다. 이것은 자딘 매시선사가 조선의 광산채굴권에 관심을 가지고 제물포에 지부를 설치했던 시기와 맞아떨어진다. 이렇게 인천 곧 조선은 자딘 매시선사와 연결되었지만, 자딘 매시선사는 1884년에 조선에서 철수한다.

조선에서는 자딘 매시선사가 철수한 1884년 이후 세창양행(世昌洋行, Heinrich Constantin Edward Meyer & Co.)과 미국 자본의 타운센드 상회(Morse and Townsend & Co) 등이 들어온다. 이어서 1896년에 홈링거양행(咸陵加洋行, Holme Ringer & Co.)이 지점이 냈고, 이 홈링거양행의 나가사키 직원인 베네트(W. G. Bennett)가 1898년에 인천 지점의 책임자로 파견되었다가 1904년에 독립해서 1906년에 광창양행(廣昌洋行, W. G. Bennet&Co.)을 설립했다. 이 베네트의 부인이 바로 토마스 글로버의 딸 하나 글로버인데, 그녀는 가족들과 인천에서 살다가 죽고 그 무덤이 현재 인천 외국인 공동묘지에 있다. 조선과 자딘 매시선사의 인연은 이렇게 이어진다.

인천 외국인 묘지와 하나 글로버의 무덤

한편 자딘 매시선사는 일본이 1858년 안세이 5개 조약으로 개항한 후 처음으로 지점을 설치한 외국 무역회사였다. 1859년 윌리엄 자딘의 친인척인 윌리엄 케직(William Keswick)이 일본 요코하마에 파견되어 사무실을 오픈하였고, 요코하마 개항장의 외국인 거주지를 위한 첫 토지 매각에서 첫 번째 부지(Lot No. 1)를 획득하였다. 이후 일본에서는 고베, 나가사키 및 다른 개항장에도 사무실을 열었다. 나가사키의 자딘 매시선사 대리인으로 크게 성공한 사람으로 토마스 글로버(Thomas Blake Glover, 1838~1911)가 있다.

일본의 근대와 자딘 매시선사

자딘 매시선사는 1859년에 케네스 맥킨지(Kenneth Mackenzie, 1801~1873)를 나가사키 지점 개설을 위해 파견했는데, 이때 조수로 함께 상하이에서 파견된 사람이 글로브였다. 맥킨지와 글로버 모두 스코틀랜드인이다. 글로브가 자딘사에 채용된 것은 18살인 1857년이었나고 한다. 2년 뒤인 1861년에 맥킨지가 중국 한커우(漢口)로 돌아가면서, 글로버는 글로버 상회(Glover and Co.)라는 회사를 차리고 자딘 매시선사 대리점을 인수했고, 마침 그때 덴트 상회의 나가사키 대리인인 에반스(E. H. Evans)도 한커우로 돌아감에 따라, 덴트 상회의 대리인 업무도 함께 인수하였다. 글로버는 처음에는 일본 녹차의 수출업을 했으나, 막말 혼란기를 틈타 무기상으로 이름을 떨쳤다. 특히 그 과정에서 막말 조슈번(長州藩)을 비롯한 서남 각 번의 도막파(倒幕派)와 긴밀한 관계를 맺었는데,

나가사키의 토마스 글로버 집

조슈번에서 이토 히로부미를 비롯한 존왕양이(尊王攘夷)파의 젊은 무사들을 막부 몰래 영국으로 유학을 보낼 때에 이를 지원해준 것도 글로버였다. 이후 막부가 도막파를 응징하기 위해 제2차 조슈 정벌을 감행했을 때, 글로버는 조슈번에 무기를 공급하여 막부군을 물리치는 데 결정적인 도움을 주었다. 메이지유신 이후 유신 정부와 영국의 밀월 관계에는 막말 자딘 매시선사의 그림자가 있었던 것이다.

일본에서 글로버상점의 활동은 자딘 매시선사의 상하이에서의 활동과 거의 흡사하여 마치 데자뷰를 보는 듯한 느낌이 든다. 글로버는 나가사키 거류지에 철도를 부설하고 소형 증기기관차를 달리게 하여 일본인들을 놀라게 하는데, 이는 상하이에서 오송철로(吳淞鐵路) 부설을 연상시킨다. 또 글로버는 일본 최초의 선박 수리소를 세우고, 일본 최초의 등대를 건설했으며, 근대적 탄광을 다카시마(高島)에 열고, 일본 최초의 맥주 회사를 창업하는데, 이 또한 자딘사가 상하이와 홍콩에서 선박 설비와 등대 등 인프라를 가장 먼저 구축하였으며, 중국 각지와 남아프리카공화국에서 탄광 개발로 거부를 축적하였고, 조선에서 탄광 개발 가능성을 타진한 바 있으며, 상하이와 홍콩에서 맥주 회사를 창업한 일의 모방이다. 글로버가 1885년에 설립한 Japan Brewery company는 이후 미쓰비시사에 매각되어 기린맥주 주식회사로 바뀌었다.

글로벌기업 자딘 매시선사

1950년 이후 자딘 매시선사는 대륙에서 퇴출된 이후, 홍콩에 본사를 두고 아태지역에 중점을 둔 사업 포트폴리오를 가진 다국적 기업으로 성장하여 세계 곳곳에 사무소를 두고 있다. 사업에는 금융 서비스, 슈퍼마켓, 대형마트, 건강과 미용 매장과 레스토랑, 소비자 마케팅, 엔지니어링 및 건설, 자동차 거래, 보험과 재보험 중개, 운송 서비스, 부동산 개발/투자 및 호텔업이 포함되어 있다. (서광덕)

자딘 매시선사 홍콩 본사와 로고

오사카 경제의 신神
고다이 도모아쓰

나는 꿈이 있는 미래를 원할 뿐이다

'나는 꿈이 있는 미래를 원할 뿐이다'라는 말은 고다이 도모아쓰(五代友厚)의 일대기를 그린 2020년 영화 〈천외자(天外者)〉에 등장한 강렬한 메시지 중 하나이다. 그가 근대 일본을 위해 내뱉은 말인데 이 문장 하나로 고다이의 가치관을 알 수 있다. 혼돈과 불안의 시대를 살아가는 막부 말기에 고다이가 내놓은 정답이다.

고다이는 사쓰마번(薩摩藩, 현재 가고시마)의 유학(儒學)자 집안에서 1836년에 태어났다. 이때가 사카모토 료마(坂本龍馬)와 같이 막부의 유명 인사가 태어난 화려한 해이다. 고다이의 집안은 유복하였고, 사쓰마 번주 시마즈 나리아키라(島津斉彬)로부터 아버지 고다이 히데다카(五代秀堯)가 두터운 신망을 얻었기 때문에 남 부러울 것 없는 유년기를 보냈다. 14살의 어린 고다이에게 아버지가 세계지도를 따라 그리게 하였는데 그것을 참고 삼아 스스로 지구본을 만들었다. 이 지구본으로 세계의 거리를 측정하기도 하고, 항로를 상상하며 몰래 미래를 꿈꾸었다고 한다. 어린 시절에 이렇게 꿈꾸어왔던 경험이 고다이의 정신세계에 큰 영향을 주었고, 세계로 웅비하고자 하는 동경심을 키운 것이다. 1854년 아버지가 돌아가신 후에 그는 사쓰마 번사(藩士)*의 길로 접어들었다.

고다이 도모아쓰(1836~1885)

나가사키 해군전습소 파견

고다이가 23살 때인 1857년, 사쓰마번의 명령으로 나가사키 해군전습소에 파견되었다.

사쓰마번에서 고다이를 포함하여 총16명이 파견되었는데, 여기

* 에도시대 각 번에 소속된 사무라이와 그 구성원을 가리키는 역사적 용어이다.

서 그는 항해술 · 포술 · 측량 · 수학 등을 배웠다. 이곳에서 가쓰 가이슈(勝海舟)와 데라시마 무네노리(寺島宗則) 등과도 친분을 쌓았는데, 가쓰 가이슈로부터 '적극적으로 외국과 교역하고, 그 수익으로 해양 방어에 힘써야 한다'라는 조언을 들었다. 이와 같은 만남이 그의 세계관에 큰 영향을 주었다고 볼 수 있다.

나가사키 해군전습소 모습

하늘이 맺어준 파트너

토마스 글로버(1838~1911)

고다이에게는 천재일우(千載一遇)의 기회를 잡은 만남이 있었다. 바로 무기상인 토마스 글로버(Thomas Glover)와의 인연이다.

스코틀랜드 자딘 매시선(Jadin Matheson) 상회의 사원이었던 글로버는 영일수호통상조약 맺은 것을 비즈니스 기회로 삼았다. 회사의 명령을 받아 나가사키로 왔는데 여기서 글로버 상회를 설립하였다. 당시 풍전등화와 같은 일본 정국을 가까이에서 바라보고, 머지않아 막부가 무너질 것을 예측하여 반막제번(反幕諸藩) 세력과 거래를 시작하였다.

글로버와 고다이는 두 번째 나가사키 유학 때 알게 되면서 사이가 돈독해졌다. 이는 어쩌면 사쓰마번으로부터 기선 구입 명령을 받은 고다이와 반막제번 세력과 거래하며 사업 영역을 확대해 나가고 싶은 글로버의 야망과 절묘하게 맞아떨어졌기 때문일 것이다. 어찌 되었건 이 둘은 이때부터 평생 서로를 위한 돈독한 상업 파트너로서 한걸음 내딛었다.

원래 생사(生絲) 및 차의 수출을 중심으로 사업하던 글로버가 사쓰마번이 주문한 선박 알선을 계기로 조슈번(長州藩) 등과 무기 밀무역을 시작하였다. 이로 인해 글로버와 번사 사이에는 강한 유대감이 형상되었고, 글로버는 세계의 산업기술을 배우고 싶어 하는 번사들에게 자국인 영국으로 밀항을 도왔다. 어떻게 보면 글로버는 일본 근대화를 촉진시킨 공로자이다.

선진 상하이의 모습을 실어 온 센자이마루

막부 입장에서도 성큼성큼 다가오고 있는 일본의 개항을 앞두고, 근대화에 대한 준비를 철저하게 진행해 나갔다. 당시 개항한 지 20년이 된 상하이는 무역항 운영과 서구열강과의 교류 등 선진 항구도시로서 노하우를 익히기에 더할 나위 없이 좋은 시찰지다. 물론 고다이도 같은 생각을 했고, 글로버와 함께 센자이마루(千歲丸)로 바다를 건너 상하이로 가서 2척의 기선을 구입해 왔다. 이는 근대국가로 가는 첫걸음이며, 이로 인해 중계무역을 위한 인프라가 구축되었다. 고다이가 선진 기술을 배울 수 있는 그곳, 첨단 도시 상하이에서 일사천리로 기선을 구입할 수 있던 것도 무기상으로서 감각이 뛰어난 상인 글로버의 존재가 컸다고 볼 수 있다.

그럼에도 불구하고 막말(幕末) 혼란의 시기에 막부보다 한발 앞서 기선을 구입하려 했던 사쓰마번의 발 빠른 대처에는 혀를 내두를 정도이다. 어쩌면 막부보다 더 강력한 또 하나의 사쓰마국이 존재하는 느낌이다.

사쓰에이 전쟁으로 낙인찍힌 일탈자

사쓰에이(薩英) 전쟁은 나마무기* 사건의 해결을 요구하는 영국과 사쓰마번 사이에서 일어난 포격 사건이다. 고다이가 29살 때, 영국이 함선 7척을 이끌고 '나마무기 사건'의 하수인 명단 제출과 피해자 유족에 대한 배상금 2만 5천 파운드를 요구하기 위해 요코하마에서 가고시마로 출격했다. 이것이 전쟁의 시작이다.

이 무렵 고다이는 자신의 목숨을 걸고 영국공사 닐 대령과 직접 담판을 하며 어떻게든 전쟁을 피해 보려고, 나가사키에서 영국 함대를 기다리고 있었다. 하지만 영국 함대는 나가사키에 들르지 않고 가고시마로 직접 향했다. 급히 가고시마로 돌아온 고다이는 전쟁에 맞서 데라시마 무네노리(寺島宗則)와 함께 사쓰마번 소유의 기선 3척을 진두지휘했다. 영국과 사쓰마는 나마무기 사건의 배상 문제 그리고 범인 체포와 처벌에 대해 협상 중이었지만, 사쓰마번이 시간 벌기를 하면서 만족스러운 답을 내놓지 않자 이에 한계를 느낀 영국은 전쟁 시작 전임에도 불구하고, 고다이가 지휘하는 사쓰마번의 기선 3척을 나포하겠다는 강경책으로 나왔다.

이에 포로가 된 고다이와 데라시마는 영국공사 닐과 함대 사령관 쿠퍼 제독에게 심문당했지만, 심문을 마친 후에 제독은 사쓰마번의 함장 대접을 해주기 위해 일등 선실까지 내주었다. 전쟁이 시

---

* 사쓰마의 다이묘 행렬 중 요코하마에서 만난 영국인이 하마(下馬: 말에서 내리지 않음)하지 않고, 예(禮)를 갖추지 않는다고 화가 난 사쓰마번의 무사가 칼로 영국인을 베어버린 사건.

사쓰에이 전쟁 중 가고시마만의 조감도

작된 후에도 자유롭게 갑판에 올라 전황을 살필 수 있도록 대우해 주었다. 그러한 배려 덕에 전쟁 시작과 함께 고다이는 갑판에 올라 전황을 살필 수 있었다.

날씨가 좋지 않아 일시적으로 영국 함선이 휴전하고 있을 때의 일화인데, 쿠퍼 제독이 좀 더 시내 중심부를 향해 포격을 시도하면서 병사를 상륙시키려 했다. 그러면서 '사쓰마군은 강한가?'라고 고다이와 데라시마에게 물었다. 그러자 '우리 사쓰마는 무사도 정신으로 무장되어 있고, 더욱이 국가를 소중하게 생각하는 수만 명의 정예부대가 있다. 자기 혼자 살겠다고 전쟁에 임하는 자는 없다. 육상전은 사쓰마가 자신 있기 때문에 당신네 해군의 상륙을 결사분전(決死奮戰)의 자세로 기다리고 있다. 따라서 육상전에서 결코 당신의 나라는 승산이 없다고 본다. 오히려 당신네 영국은 포화를 거두고 선린수호(善隣守護)의 방법을 택하는 것이 좋겠다.'라고 대답하였다. 거듭되는 교전이 있었지만 '사쓰마를 함부로 봐서는 안 된다'라고 평가한 제독은 고다이의 말처럼 '만약 상륙했다면 10만 명의 군인을 상대해야 한다'고 생각한 것이다. 그래서 포격을 중단하고 고다이와 데라지마를 포로 삼은 채 요코하마로 퇴각하게 되었다. 이후 고다이와 데라시마는 영국 함대에서 요코하마로 호송되었고 영국 함대의 막부 측 통역으로 타고 있던 상인에게 인도되었다.

하지만 세간의 평가는 냉정했다. 고다이와 데라시마를 향해 '기선을 약탈당해 영국의 포로가 된 것은 괘씸하다'고 생각하였다. 이러한 사실이 막부에 보고되면 곧바로 사쓰마에 인도되어 처벌을 면할 수 없다고 판단한 시미즈는 두 사람에게 은신처를 제공하였다. 1863년 말 영국과 사쓰마번의 협상이 이루어지면서 우여곡절 끝에 나가사키로 돌아와 글로버에게 신변보호 요청을 했고, 1864년 드디어 사면되었다.

사쓰마번 유일한 외국통

젊은 시절 장래가 촉망되었던 고다이는 존왕양이(尊王攘夷) 운동에는 무관심했고 오히려 외국과의 무역에 더 관심이 많았다. 나가사키 해군전습소에서 항해술을 배우며, 많은 문물을 익히기 시작하여 사쓰마번 유일한 외국통이 된 셈이다. 어쩌면 사쓰에이 전쟁에서 포로가 되면서 일탈자로서 동료들 사이에서는 저평가되었지만, 향후 선진문물을 익혀 와 정부로부터 발탁되었고 정계에까지 진출하게 된 걸 보면 그때의 시련이 어쩌면 운명이었는지 모르겠다. 어렵사리 사쓰마로 돌아온 고다이는 선진문물을 배워 올 사쓰마 스튜던트를 결성하라는 명을 받게 된다.

글로버와 함께 커가는 근대화의 꿈

글로버는 막부를 반대하는 세력이었던 사쓰마와 조슈, 도사(土佐)와 교류하며 외국 정보를 배우고자 하는 일본의 젊은 지사들의 외국 유학 및 도항을 지원하게 된다. 조슈의 이토 히로부미, 사쓰마의 고다이 도모아쓰 등 수많은 젊은이의 해외 유학을 지원하였

조슈 파이브
뒷줄 왼쪽부터 엔도 긴스케(遠藤謹助), 이노우에 마사루(野村弥吉), 이토 히로부미(伊藤俊輔), 앞줄 왼쪽부터 이노우에 가오루(井上聞多), 야마오 요조(山尾庸三)

다. 또한 사카모토 료마(坂本龍馬)의 가메야마샤추(亀山社中)* 와도 거래하며, 메이지유신에 이르게 한 숨겨진 주역이다. 1863년에는 조슈의 번사였던 이토 히로부미(가명: 伊藤俊輔)와 이노우에 가오루(가명: 井上聞多), 야마오 요조(山尾庸三), 엔도 긴스케(遠藤謹助), 이노우에 마사루(가명: 野村弥吉)로 구성된 이른바 조슈 파이브(Choshu Five)라고 불리는 인물들이 요코하마에서 런던으로 떠나게 된다.

그리고 글로버는 1865년에는 사쓰마번의 번사인 고다이 도모아쓰, 데라시마 무네노리, 모리 아리노리 등을 포함하여 사쓰마 스튜던트(Satsuma Student)라고 불리던 유학생과 인솔자, 통사의 도항을 도왔다. 사쓰마 스튜던트는 당시 서양 학문을 가르쳤던 가이세이조(開成所)에서 선발한 10대 후반부터 20대 중반까지의 우수한 자들로 구성되었으며 군사학 전공자들이 많았다.

당시에는 당연했겠지만 에도 막부가 번의 외국 시찰을 정식으로 허락할 이유가 없었기 때문에 모두 밀항으로 건너가게 되었다. 게다가 가명까지 써가며 위험을 무릅쓰고 출발한 상황이었다. 글로버가 뒤에서 열심히 도왔고, 글로버 상회의 안내가 없었다면 이 시찰은 실현되지 않았을 것이다. 사쓰마 스튜던트는 세계를 선도하는 영국의 산업을 직접 보고 배우고, 뛰어난 기술을 손에 넣어 귀국하게 되었다. 후에 이들이야말로 메이지 시대의 일본 근대화를 이끄는 중요한 인물이 된다.

---

* 1865년 5월 막부기관인 고베해군훈련소(神戸海軍訓練所)가 해산됨에 따라, 사쓰마번의 원조로 사카모토 료마에 의해 나가사키의 가메야마에 세워진 무역회사이다. 글로버의 페이퍼 컴퍼니인 셈이다.

19명의 영국사절단을 기념한 젊은 사쓰마의 군상

영국이라는 거울을 통해 일본을 동양의 맨체스터로

고다이 도모아쓰를 포함한 사쓰마번 사절단과 유학생 총 19명이 1865년 하시마(羽島)항을 출발하여 영국으로 향했다. 이들은 유럽 각지를 돌며 각국을 시찰하고 방직기계와 무기를 매입했다. 이때 고다이는 '상사(商社) 협력'이라는 공동 출자 방식을 협상을 통해 배웠다. 앞서 언급한 영화 〈천외자〉에 '동양의 맨체스터로 만들자'라고 고다이가 외치는 장면이 나온다. 그가 실제로 이런 생각을 했는지 모르겠지만, 영국 맨체스터를 시찰했을 때 그는 일본의 부국강병을 위해 깊은 고민에 빠졌을 것이다. 바다를 건너 머나먼 이국땅까지 와서 어떻게든 일본의 근대화를 앞당기기 위해 부단히 노력하였다. 만약 글로버라는 스코틀랜드 상인과의 만남이 없었다면 그는 바다를 건널 일도 없었고, 영국으로 건너가지도 않았을 것이다. 한 사람과의 운명적 만남이 그의 일생을 바꾸어버린 역사적 사건이 된 것이고 동양의 맨체스터를 향해 도전할 수 있던 것이다.

바다를 건너온 근대화의 바람

영국유학 당시 세계 최대의 방직기계 제조공장의 설계와 기술자 파견을 의뢰하면서 1867년 슈세이칸(集成館) 옆 일본 최초의 서양식기계 방직공장인 '가고시마방적소'가 건설되었다. 사쓰마번은 영국 기술자가 방문하기 전에 이미 방직기를 제작할 수 있는 기술

가고시마방적소

도미오카제사장(도미오카시립미술박물관 소장)

을 가지고 있었다. 그래서 1년이라는 짧은 시간이었지만 서양식 방직기술을 습득할 수 있었다.

이후 습득한 서구유럽의 지식과 기술은 도미오카제사장(富岡製絲場) 등 전국의 방직공장으로 퍼져 나갔다. 도미오카제사장은 일본의 본격적 명주실 생산 방적공장이다.

새로운 시대를 맞이한 일본에게 실은 중요한 수출품이었지만 제품의 질이 좋지 않아 국제적 평판을 잃어가고 있었다. 이에 가고시마방적소의 노하우에 더하여 1872년 프랑스의 기술을 도입하여 관영 공장으로 도미오카에 세워졌다. 기계를 도입한 제사장으로는 세계 최대 규모였고, 일본의 사정에 맞추어 개량된 방적기계가 도입되어 향후 일본 전역으로 퍼지게 되었다. 이 도미오카제사장의 정착에 첨병 역할을 한 곳이 가고시마방적소인 것이다.

외국 선박을 수리하기 위해서 만든 고스게수선장

에도 말기, 나가사키의 외국계 상사를 통해 매입한 서양 선박은 대부분이 중고 선박으로 고장이 잦았다. 하지만 당시 나가사키에는 선박의 수리나 정비가 가능한 시설이 없었기 때문에 국내외의 선주와 선원들은 선박의 수리하는 시설의 필요성을 주장하게 되었고, 글로버는 고다이 그리고 고마쓰 다테와키(小松帯刀) 등과 함께 1866년 고스게수선장(小菅修船場) 건설 계획을 세웠다.

건설지였던 고스게우라는 현재 나가사키 항구 초입으로 육지 쪽으로 좁게 파고든 형태의 지형이다. 그렇기 때문에 배를 뭍으로

고스게수선장

끌어오거나 견인하기에 적합한 장소이다. 이곳에 영국 기술자를 초빙하여 육상에서 바다까지 174m의 레일을 깔고, 선가(船架)를 이용하여 배를 견인하는 '슬립 독(주판 dock)' 시설을 갖춘 수선장이 만들어지게 된다. 1876년 공사에 착수하여 1878년 완공되었다. 메이지 시대로 접어들면서 이 수선장은 나가사키제철소 부속으로 편입되었고, 관영 공장의 민영화 정책으로 미쓰비시조선소로 개칭되었는데 향후 입지상 시설확장이 더 이상 어려웠고 일감도 적어져 1920년에 폐쇄되었다.

막부는 세월 속으로, 메이지 시대의 개막

1867년 말 마침내 에도 막부가 무너지고 신정부가 수립되었다. 신정부가 성립되면서 총재(総裁), 의정(議定), 참여(参与)의 3가지 직위가 존재하였는데, 고다이는 참여직 외국사무담당 관료로 임명되었다. 사쓰마번에서 참여로 임명된 다른 유명인 중에는 사이고 디카모리(西郷隆盛), 오쿠보 도시미치(大久保利通), 고마쓰 기요카도(小松帯刀), 이와시타 미치히라(岩下方平), 데라시마 무네노리(寺島宗則), 마치다 히사나리(町田久成)가 있다. 이렇게 쟁쟁한 인물 속에 고다이가 포함된 것은 주목할 부분이다.

외국사무담당은 개편되어 외국사무국이 되었고, 고다이는 1868년에 외국사무국 판사에 임명되면서 오사카에서 근무를 시작하게 된다. 그가 판사로 오사카에 근무하던 시절, 유신의 변화 물결을 겪으면서 오사카 경제 역시 침체기에 접어들었다. 하지만 1867년 말 대외무역을 시작한 오사카에 외국 공사들도 하나둘씩 모이기 시작했다.

1868년 9월, 고다이는 오사카부 판사도 겸하면서 오사카 항구 준설 공사와 부두 건설에 힘을 쏟으며, 오사카항의 무역 확대를 도왔다. 그리고 오사카조폐료(현재 오사카조폐국)의 유치와 건설을 위해 노력했다. 이렇게 고다이가 실천한 다양한 활동 덕분에 오사카의 무역과 경제에 활력이 넘치기 시작하였고, 메이지유신의 혼란 속에 침체되었던 오사카에도 조금씩 회복의 조짐이 보이기 시작했다. 그런데 1869년 5월 메이지 정부가 그의 이러한 활약상을 전해 듣고 회계관(현재 재무부) 권판사(権判事)로의 이동과 함께 요코하마 전근을 명하게 된다.

그러나 요코하마 전근을 둘러싸고 예기치 못했던 사건이 발생하게 된다. 오사카 시민들이 나서서 고다이의 전근 반대 운동을 벌인 것이다. 특히 그의 직원과 외국사무국 직원 151명이 서명한 유임탄원서에는 '그가 전근하게 되면 우리는 함선의 방향키가 부러지고, 자동차 축이 빠진 느낌을 받을 것이다. 우리는 아연실색할 수밖에 없다. 물론 후임으로 오시는 분도 훌륭하겠지만, 그처럼 일할 수 없을 것이고, 아무리 좋은 방향으로 나아가더라도 모두 새로 시작하기 때문에 또다시 오사카는 쇠퇴의 길로 접어들 것이다.'라는 짙은 호소가 있었다. 그만큼 고다이는 오사카에서 경제신(神)과 같이 큰 존재임을 알 수 있는 일화다. 오사카 경제를 쥐락펴락할 인물로 거듭날 운명은 아마 이때부터일 것이다.

오사카의 은인(恩人)

고다이는 영국에서 돌아온 뒤 막부를 쓰러뜨리는 데 일조하며, 신정부에서 관료로서 오사카부 판사를 거쳤고 1869년 관직을 떠나 실업계에 몸을 담는다. 이후 주로 오사카의 상공업 발전에 힘을 쏟아 금은분석소를 개설하고, 광산사업을 발전시키는 한편, 오사카조폐국, 오사카주식거래소, 오사카상법회의소, 오사카상법강습소, 난카이(南海) 전기철도, 일본제철 등을 창립하는 데 중요한 역할을 했다. 근대 자본주의의 태동과 함께한 고다이는 오사카의 경제, 사회, 문화의 현장에 반드시 나타났다. 번사, 정부관료, 상인으로서 파란만장한 삶을 산 고다이는 지나온 여정마다 원대한 꿈을 꾸고 있었는지 모른다.

오사카 자본시장의 마이더스의 손

1874년 정부는 증권거래소 조례를 공포하고, 도쿄, 오사카에 각각 한 곳의 거래소를 두기로 했지만, 당시 이 조례는 경제 상황과 상반되는 것이었다. 그래서 고다이는 동료들과 함께 연기해줄 것을 요구했다. 이후 정부는 이 조례를 근본적으로 개정하여, 1878년에 재차 증권거래소 조례를 공포했다. 드디어 1878년 6월 오사카에서도 미쓰이, 스미토모, 고노이케를 시작으로 관서지방의 유력 상인들이 출자하고, 고다이를 포함 고노이케 젠에몽(鴻池善右衛門), 나카이 요시베(中井由兵衛), 히로세 사이헤이(広瀬宰平)들과 함께 '오사카증권거래소(大阪株式取引所)' 발기인으로 참여했다. 고다이는 회의석상에서 인사말을 통해 '사업이 번창할지 아니면 실패할지 여부는 서로의 신용이 두터운지 아닌지에 따를 것이다. 따라서 어떤 일을 하더라도 최선을 다하고 엄격한 규율을 만들어 국민들로부터 신뢰를 얻을 수 있도록 해야 한다'라고 말했다. 고다이의 사업에 대한 열정과 성실 그리고 경영 철학을 명확하게 나타낸 발언이라고 할 수 있다. 오사카증권거래소 설립 다음 달에는 '오사카상법회의소'를 설립하였다. 이때도 고다이를 비롯하여 고노이케 젠에몽, 미쓰이 모토노스케(三井元之助), 히로세 사이헤이 등을 필두로 총 11명이 창립 회원이 되었다. 고다이가 초대 회장이 되어 오사카 재계 실업가와 상부상조하며, 오사카 상인의 전통인 신용제일주의에 입각하여 자신의 이익을 증식시킴과 동시에 오사카의 번영을 축으로 국부 증진에 이바지한다는 취지로 야심찬 목표를 내세웠다. 그리고 고다이는 근대국가 건설을 위해서 상업학교는 필수라고 생각했다. 따라서 부기(簿記)와 상법을 배울 수 있는 학교를 만들고자 고노이케 젠에몽, 히로세 사이헤이, 스기무라 쇼자부로(杉村正太郎) 들과 함께 창립 회원이 되어 1880년 사립 '오사카상업강습소'를 설립했다. 해당 강습소는 부기, 경제학, 수학, 서예, 영어, 중국어를 중심으로 한 커리큘럼이었다. 1882년에는 '오사카부립상업강습소'로 개칭되었고, 1885년에는 '오사카부립상업학교'로 승격된 뒤 현재 '오사카시립대학'으로 그 명맥을 이어오고 있다.

동쪽의 시부사와 에이이치(渋沢栄一) 서쪽의 고다이 도모아쓰

시부사와 에이치(1840~1931)

동쪽에 시부사와가 있다면 서쪽에는 고다이가 있었다. 이 둘의 공통점은 재계 리더형 기업가의 전형으로 서양 자본주의 국가를 직접 경험한 실업가이다. 또한 고다이와 함께 회사의 중요성을 강조하였는데, 시부사와는 '합본 조직'이라는 개념을, 고다이는 '회사 합력'이라는 개념을 가지고 설명하고 있다. 장수한 시부사와에 비해 고다이는 상대적으로 덜 주목받았지만 일본을 산업국가의 길로 인도한 인물로 이견은 없다.

사쓰마에서 태어난 그의 입직은 오히려 오사카에서 빛을 발하고 있다. 메이지 유신 이후 관료로서 고다이의 역할은 컸으며, 유신 이후 혼란 속에 빠져 있던 오사카의 경제가 고다이의 손에서 재건되기 시작하였다. 그 덕에 오사카의 경제는 활기를 되찾을 수 있었다. 현대까지 오사카 발전에 많은 기여를 하고 영향력을 주었지만, 고다이는 1885년 49세의 젊은 나이로 도쿄에서 생을 마감했다. 그러나 장례식은 오사카에서 거행되었고 엄청난 조문행렬이 이어졌다. 그가 오사카에 쏟은 열정에 경의를 표한 시민들의 보답이었을 것이다.

만약 고다이가 시부사와처럼 조금 더 오래 살았더라면 일본의 경제중심이 오사카로 옮겨왔을지도 모르겠다. 실업가로 알려진 그는 사실 무사이자 관료인 화려한 경력의 소유자이다. 무사의 정신과 관료로서의 냉철함, 그리고 상인으로서 장사수완을 모두 가진 자, 일본 입장에서 실로 안타까운 죽음이 아닐 수 없었다. (양민호)

조선 상인,
인삼으로 동아시아를 잇다

죽은 사람도 살려내는 인삼

백과사전에서 인삼을 찾아보면 다음과 같이 소개하고 있다. 두릅나무과(Araliaceae)에 속하는 다년생 초본(草本)식물로 보통 높이는 60cm 정도이고, 도라지 같은 뿌리가 발달한다. 뿌리는 옛날부터 약효가 널리 알려져, 강장제 또는 만병통치약으로 알려져 있으며, 최근 과학적 연구에 의해서도 약효가 인정되고 있다. 하지만 우리 선조들은 인삼의 효능이 과학적 데이터로, 시각화된 자료로 증명되기 훨씬 이전부터, 임상경험을 통해 알고 있었다. 사람의 형태를 닮은 뿌리, 뛰어난 약효, 인적이 드문 깊은 산 속에 자생해 발견하기 힘들다는 희소성으로 인해 인삼에 얽힌 전설은 대부분 병자의 치유에 관한 서사이면서 그로테스크한 성격을 띤다.

인삼 그림

예를 들어 우리에게 익숙한 이야기 한 편을 보자. 한 여인이 오랫동안 병석에 누워 있는 남편의 병수발을 하고 있었다. 남편의 병세는 날이 갈수록 깊어져 회복될 기미가 보이지 않았다. 그러던 어느 날, 지나가던 도사가 그 여인에게 '묻은 지 3일이 채 지나지 않은 시체의 다리'를 잘라서 푹 고아 먹이면 남편의 병이 나을 것이라고 알려준다. 밤이 되자, 여인은 장사지낸 지 얼마 안 되어 보이는 무덤을 파서, 시체의 다리를 잘라 들고 온다. 그러자 갑자기 시체가 벌떡 일어나서는 "내 다리 내놔라~, 내 다리 내놔라~"라고 외치며 남은 한 발로 껑충껑충 뛰면서 여인을 뒤쫓아 온다. 필사적으로 도망쳐 온 여인은 재빨리 그 다리를 끓는 물에 집어넣고 솥뚜껑을 닫고는 그만 기절하고 만다. 다음 날, 정신을 차린 여인이 솥뚜껑을 열어 보니, 그 안에는 사람의 다리가 아니라, 굵은 산삼 뿌리가 있는 것이 아닌가! 그렇게 산삼을 달인 물을 마신 남편은 병이 씻은 듯이 나았다고 한다.

위의 이야기는 1980년대 초에 방영되었던 전설의 고향 중 '덕대골의 전설'에 등장하는 에피소드이다. 당시 많은 시청자들이 혼

비백산 도망가는 여인에게 감정이입을 이입해, '내 다리 내놔'를 외치며 쫓아오는 시체의 모습에 등골이 오싹했었다. 인삼에 얽힌 전설은 우리나라 전국 각지에서 찾아볼 수 있는데, 지역에 따라 아내가 효심 깊은 아들로, 병든 남편이 아버지로 바뀌기도 하고, 불치병이 다른 증상을 가진 중병이나 불임으로 치환되기도 한다. 하지만 대부분의 이야기는 우여곡절 끝에 사람 형태를 한 인삼을 달여 먹고 병이 완치되었다는 결론을 공유한다. 이는 예로부터 인삼이 오랜 지병을 앓고 있던 사람도 단번에 회복시킬 만큼 뛰어난 약효를 가지고 있었음을 반영한 전설이라 할 수 있다. 우리나라 인삼의 뛰어난 효능은 비단 국내뿐만 아니라 국외까지 널리 알려졌고, '고려인삼'이라 불리며 매우 비싼 값에 거래되었다.

중국 사행단과 인삼무역

고려인삼의 효능은 예로부터 널리 알려졌기에, 인삼은 조선과 중국 간의 조공무역에서 빠지지 않는 물품 중 하나였다. 초기 인삼을 조선에서 중국으로 가져가 판매한 사람은 중국 사행단이었다. 당시 중국을 오가는 사행의 공식 인원은 사행 기간에 필요한 각종 여비를 스스로 마련해야 했다. 대신 조정에서는 보상 차원에서 사무역을 허락해 인삼을 비롯한 몇몇 특산물을 현지에서 팔아 노잣돈이나 기밀비로 쓸 수 있도록 했다. 조선 초기에는 여비로 은화를 가져갔으나, 명에 대한 세공(稅貢) 물품에서 금과 은이 면제되자, 가볍고 휴대하기 편한 인삼으로 대체되었다.

북경의 조양문으로 들어가는 조선 사행단 모습을 그린 연행도(燕行圖)/
숭실대 기독교박물관

세종 때 역관 1인당 10근의 인삼을 가져갈 수 있도록 허용되던 것이, 인조 때에 이르면 80근으로 늘어난다. 80근의 인삼을 10근씩 나누어 묶었는데, 1개의 묶음을 1포(包)라 불렀다. 즉, 역관 1인당 인삼 8포를 가져갈 수 있는 셈이다. 흔히 사절단이 가져갈 수 있는 재원을 이용한 교역을 '팔포무역'이라 하는데, 이때의 '팔포'는 역관 한 사람이 휴대할 수 있는 인삼의 양을 뜻한다. 인삼의 효능이 점차 알려져 수요가 늘고 이익이 증대하자, 자연스럽게 인삼무역으로 이어졌고, 급기야 조선 왕실까지 직간접으로 참여하기에 이르렀다. 조정은 국가재정을 안정적으로 확보하기 위해 인삼의 생산, 홍삼의 제조, 밀무역에 대한 처벌, 홍삼세의 관리 등에 관한 규정을 마련해 인삼 무역을 엄격히 통제하려 했다.

사무역(私貿易)의 성행과 인삼무역상의 등장

조정이 인삼 무역을 통제하려는 노력에도 불구하고, 조선 중기에 들어서면서 인삼의 사무역이 성행한다. 원래 인삼은 주로 한반도와 만주 일대에서 자생해 중국에 공급되었는데, 만주족이 산해관으로 진입해 청 왕조를 세움에 따라, 만주삼의 상로(商路)가 끊기게 되었다. 그로 인해 상대적으로 조선 인삼의 수요가 급격히 늘어났다. 중국에서의 인삼 수요가 늘자, 인삼의 사무역과 밀무역도 자연스레 증가했다. 일부 상인은 권문세가 또는 왕실과 결탁했고, 인삼 무역의 규모도 점차 커지게 되었다.

17세기, 18세기에 인삼무역을 통해 부를 축적한 거상들은 역관

손자 박주수가 그린 연암 박지원의 초상/실학박물관*

* https://silhak.ggcf.kr/archives/artwork/collection/room2

가문 출신들이 많았다. 역관은 사역원(司譯院)에 소속된 자들로 과거의 일종인 역과를 통해 선발되었는데, 3년마다 한 번씩 실시되어 대비과라고도 했다. 이 시험을 통해 중국어, 몽골어, 일본어, 만주어에 능통한 이들이 선발되었다. 역관들은 중국으로 사행 가거나 일본으로 가는 통신사를 수행하는 업무를 맡았다. 외국어에 능통하고 현지 관리 및 실무진과의 접촉을 맡은 역관들은 사행 기간 사무역을 통해 부를 축적할 수 있었다. 역관들은 그 직을 세습하거나 계층 간의 혼인을 통해 네트워크를 형성해 사행을 수행할 수 있는 기회를 더 많이 확보해 재산을 증식시켰다. 박지원의 소설『허생전』을 보면 허생과 변부자에 관한 이야기가 나온다. 가난한 허생이 부인의 타박과 책망에 과거 공부를 접고, 저잣거리로 나왔을 때 제일 먼저 만난 사람에게 한양에서 제일 부자가 누구냐고 묻는다. 그러자 누군가가 '변부자'라고 말한다. 허생은 그 길로 '변부자'를 찾아가 돈 1만냥을 빌려 달라고 한다. '변부자'는 허생을 잠시 보더니 선뜻 1만 냥을 빌려준다. 이 소설에 등장하는 '변부자'는 역관 출신으로 한양 최고의 갑부였던 변승업의 부친 혹은 조부로 추정된다. 변승업뿐만 아니라 그의 부친 변응성 또한 역관이었으니, 당시 역관들이 세습을 통해 축재하기 쉬웠음을 알 수 있다.

조선 후기의 거상(巨商) 임상옥(林相沃) 역시 인삼 무역으로 성공한 대표적인 인물이다. 임상옥은 의주 출신으로, 그의 부친 임봉핵(林鳳翮)은 연경(베이징)을 오가며 장사하던 상인이었다. 임상옥은 젊어서부터 상업에 종사하기 시작했고, 이조판서 박종경(朴宗慶)을 정치적 권력 배경으로 삼아, 국경지방의 인삼 무역권을

임상옥의 초상화

독점하였다. 한 번은 임상옥이 사절단을 따라 북경에 갔을 때, 중국 상인들이 연합해 인삼의 가격을 후려치려고 했다. 당시 중국 사행단은 보통 두 달 정도 북경에 머물렀는데, 중국 상인들은 사행단이 돌아갈 기일이 정해져 있다는 것을 알고 구매 시기를 늦추기로 담합해 인삼값을 폭락시키려 한 것이다. 이때 임상옥은 천재적인 상업수완을 발휘하는데, 사람이 북적대는 시가지에 인삼을 쌓아놓고 보란 듯이 불태워버린다. 그러자 중국 상인들은 인삼과 홍삼의 매물이 적어질 것을 염려해 그만 담합을 깨트리고 만다. 결국, 임상옥이 부르는 게 값이 되었고, 그는 원가에 수십 배에 달하는 이익을 얻어 조선으로 돌아오게 되었다. 이 이야기는 훗날 작가 최인호에 의해 소설 『상도(商道)』에 삽입되었다.

기록에 따르면, 임상옥의 인삼 무역 1회에 5천근 이상의 인삼이 오갔다고 한다. 이 무역 규모를 오늘날의 가치로 거칠게 환산해 보자. 당시 인삼 1근이 은화 25냥이고, 은화 1냥이 오늘날의 화폐가치로 약 7만 원 정도이다. 그렇다면 인삼 5천근은 은화 12만 5천 냥으로, 지금의 화폐가치로 환산하면 87억 5천만 원 정도가 된다. 단 1회의 인삼 무역에 말이나. 임상옥은 중국과의 인삼 무역을 통해 막대한 부를 축적할 수 있었다.

인삼 상인의 상도(商道): '정화의 인삼'을 기억하라!

고려인삼은 중국에서 영약, 불로초라고 알려져 상당히 높은 가격에 판매되었다. 하지만 비싼 만큼 가짜도 많았다. 인삼을 판매

할 때 무게를 달아 값을 매기는 점을 악용해 인삼을 꿀에 담가 무게가 더 나가게 하거나 인삼에 심을 박아 중량을 속이기도 했다. 뿌리가 부서진 인삼을 아교로 붙이거나, 심지어는 도라지의 껍질을 벗겨내고 인삼 외피를 접착하는 등 조삼(造蔘)과 위삼(僞蔘)이 유통되는 사례가 많았다. 동래부사 조엄(趙曮)의 『해사일기(海槎日記)』를 보면, 조선통신사의 정사(正使)로 일본으로 사행을 갔는데 선물로 준비한 예단삼(禮單蔘)에 꿀에 담근 부정인삼이 섞여 있는 것을 발견했다는 기록이 있다. 심지어 이 물품은 호조에서 지급받은 것이었다. 조엄은 양국의 외교적 믿음을 상징하는 징표로 가져가는 인삼에까지 불량품이 섞여 있는 상황을 개탄하며, 꿀에 담근 인삼을 일일이 골라내었다고 한다.

인삼 상인들에게 가짜 인삼에 대한 유혹은 상당히 컸다. 그만큼 이익이 많이 남았기 때문이다. 인삼무역을 업으로 삼았던 의주 상인들 사이에는 '정화의 인삼' 이야기가 전한다.

정화(鄭和)는 세조 때 명신 정광필(鄭光弼)의 서자였다. 당시 서자는 과거에 응시할 수 없다는 법에 따라 벼슬길에 나가지 못하고, 일찌감치 중국어를 배워 역관이 되었다. 정화는 중국어에 매우 능통해 벼슬이 사역원정(司譯院正)에 이르렀고, 중국 사행단을 수행해 국경을 오가면서 무역에 종사했다.

어느 날 정화가 일확천금을 노리고 가진 재산을 다 털어 인삼을 샀는데, 연경에 도착해 보니 그가 산 인삼이 머리만 인삼이고 몸뚱이는 모두 도라지로 변했다고 한다. 남은 돈으로 겨우 조선으로 돌아왔으나, 사행 인원이 가짜 인삼을 판 것이 문제가 되어 훗날 비참한 최후를 맞이한다.

정화의 인삼이 연경에 도착하자마자 도라지로 변했다는 것은 사실이 아니다. 그렇다고 누군가가 인삼을 도라지로 바꿔치기한 것도 아니다. 정화가 연경으로 가져간 인삼은 인삼의 머리에 도라지의 몸을 접붙여 만든 것으로, 인삼인 척 속여서 팔기 위해 만든 가짜 인삼이었다. 정화는 처음부터 가짜를 가져간 것이었다. 그 일로 인해 귀양을 가고, 비참한 최후를 맞이한 정화의 일화는 의주의 인삼 상인들에게 가짜 인삼을 팔아 남을 속이면, 자신도 벌을 받게 된다는 권계이자, 일종의 상도(商道)로 인식되었다.

일복식 삼농법(日覆式蔘農法)과 홍삼

인삼의 무역량이 증가할수록 인삼의 채취량은 급격히 떨어져 갔다. 그러자 조정과 민간에서 인삼을 재배하기 위한 시도가 계속되었다. 인삼의 인공 재배가 언제부터 시작되었는지 확실히 알긴 어렵지만, 영조 때에 이르면 일복식 삼농법이 정착되어 대량생산이 시작된다. 여기서 '일복식(日覆式)'이란 해를 가리는 방식이란 뜻으로 의미로, 일명 해가림 농법으로 부른다. 전라도, 경상도 지방에서부터 씨를 뿌려 삼을 기르는 일복식 삼농법이 행해졌고, 여러 지역에 삼을 재배한 결과 개성의 삼이 가장 품질이 우수하고 채집량도 많았기에 그때부터 개성이 인삼의 대표적 산지가 되었다. 인삼재배법은 점차 발달해 인삼의 종자, 토양, 해충관리 및 본포관리법 등이 체계화된다. 인삼 재배의 성공으로 인해 물량의 대량 공급이 가능해지자, 인삼 가공기술 또한 급격히 발전한다.

해가림 시설 재현 모습/문화재청 국가문화유산포털

대표적인 것이 바로 홍삼이다.

인삼을 쪄서 말리는 자숙법(煮熟法)은 고려 시대를 거쳐 전승해왔으나, 본격적으로 발달하기 시작한 것은 인삼의 대량생산이 가능해진 영조 후기부터이다. 조정은 한양에 증포소를 설립해 홍삼의 대량생산 체재를 갖추었다. 홍삼은 일반 백삼보다 훨씬 비싸 몇 배의 이득을 취할 수 있었다. 왕실은 홍삼의 수출 규모가 커지자 재정확보를 위해 인삼의 경작, 채집, 유통 등에 관한 각종 규정을 만들었다. 이러한 제도는 1908년 '홍삼전매법'으로 고착된다.

일제강점기 미쓰이물산과 개성 상인

일본은 19세기 말부터 기선회사를 설립하고 중국 항로 개척에 나섰다. 그 결과 일본 본토와 중국을 잇는 다롄선(大連線), 톈진선(天津線), 칭다오선(青島線), 상하이선(上海線)에 이어 타이완선(臺灣線)을 개척했고, 청일전쟁 이후에는 상하이와 한커우(漢口)의 운하를 잇는 상하이-한커우선을 갖게 된다. 일본의 해운업의 발전으로 동아시아 해역을 오가는 증기선의 출항이 잦아졌고, 그로 인해 인삼 무역의 판로 개척도 용이해졌다. 당시 일본은 자국의 기업인 미쓰이물산(三井物産)에 인삼 판매에 관한 독점권을 위탁했다.

개성은 인삼 재배에 적합한 천혜의 자연조건을 갖추었고, 증포소가 설치되어 인삼 재배와 가공기술이라는 물적 토대가 갖추어져 있었다. 하지만 개성이 인삼의 본산지로 부각될 수 있었던 것은 국내 상업 및 국제교역을 담당하면서 자본을 축적한 개성의 상인집단, 즉 송상(松商)의 활약에 힘입은 바 크다. 미쓰이물산은 조선의 삼업을 장악하고 영향력을 확대시키기 위해 개성 상인들과 협력 관계를 구축했다. 조선의 인삼 무역을 장악하고 있던 개성 상인들은 미쓰이물산과 손잡고 해외 인삼 판로 개척에 나서기도 했는데, 손봉상과 공성학 등은 미쓰이물산의 후원으로 1923년, 1928년 두 차례 일본과 중국, 대만과 홍콩 등을 시찰하며, 홍삼 판로 개척에 나서기도 했다.

손봉상(좌)과 공성학(우)/위키피디아

개성 상인들은 삼업을 통해 막대한 부를 축적한 국내 최대의 토착 민간자본가집단이었다. 대표적인 거상으로는 손봉상(孫鳳祥), 김원배(金元培), 공성학(孔聖學), 김정호(金正浩), 박우현(朴宇

鉉) 등을 들 수 있는데, 이들은 인삼경작법, 병충해 방제법 보급, 인삼 종자 보존을 위한 관립종삼회사 설립, 영농자금 선불제 시행 등 근대적 경영기법을 도입하려 노력했다. 이들은 삼업을 통해 축적한 자본을 바탕으로 최초의 민족계 전기회사인 개성전기주식회사를 창립하는 등 조선의 근대화에 기여하기도 했다.

해외로 간 인삼 보따리상

인삼 보따리상은 큰 자본이나 특별한 기술이 필요 없었으므로, 전업 인삼 보따리상도 있었지만, 호구지책으로 인삼 행상에 나선 이들도 있었다. 한인 유학생 중 형편이 넉넉지 않은 이들은 으레 인삼 몇 근을 가져와 판매해 여비나 학비, 생활비를 충당하기도 했다. 당시의 인삼은 단순한 토산품이 아니라 국제 통용화폐의 가치를 가지고 있었다.

1893년부터 1903년까지 미국으로 건너간 사람들 중 인삼 보따리상들도 섞여 있었다. 인삼 보따리상들은 중국인 노동자들 틈에 섞여 미국으로 건너갔는데, 입국 기록 카드에 직업을 'Ginseng Seller', 'Druggist'로 썼다. 당시 조선인들은 여권이 없었으므로, 중국과 인접한 지역의 상인들이 중국인으로 가장해 입국한 것으로 보인다. 미국에 입국한 한인 보따리상들이 인삼을 판매한 대상은 미국인이 아니라, 미국 사회에 정착한 중국인들이었다. 당시 미국에는 4만 5천 명에 달하는 중국인들이 하와이, 샌프란시스코, 로스엔젤레스 등에 거주하고 있었고, 이미 중국 이민자 간의 사회적 커뮤니티가 형성되어 있었다. 한인 인삼 보따리상들은 전통 한복을 입고 머리에는 상투를 틀고 다니며 중국인들에게 자신들이 파는 물품이 진짜 고려인삼임을 강조하며, 비싼 값에 팔았고, 물량이 떨어지면 다시 배편으로 인삼을 공수해 왔다. 한 번은 미주 한인 인삼 상인들 간에 영업지역을 두고 분쟁이 발생하자, 안창호가 중재했다는 기록도 있다. 이들 인삼 보따리상들은 미국 한인사회의 시발점이자 그곳에 뿌리를 내린 상공인의 시초라는 점에서 커다란 의의가 있으나, 안타깝게도 이들 대부분이 가족 없이 혈혈단신으로 중국 노동자들 틈에 섞여 도미(渡美)하여 제대로 된 기록이 남아 있지 않다.

한인의 인삼 판매와 독립운동

인삼이 국제적으로 효능을 인정받아, 동남아 지역뿐 아니라 전 세계로 수출되자, 인삼 판매 대금의 일부는 독립운동 자금으로, 일부 독립운동가들은 인삼 행상으로 신분을 위장해 세계 각지로 이동하기도 했다. 1919년 11월 17일자 『상하이일일신문(上海日日新聞)』은 독립운동가들의 활동을 소개하며, "한인은 중국의 과격파와 연락하여 수백 명의 단원이 약품, 고려인삼 등의 행상인으로 변장해서 양자강 연안 각지 교통 빈번한 가두에 노점을 설치하고 외면으로는 약을 판매하고, 내용으로는 조선 망국의 참상과 일본의 가혹한 대우를 연설하여 중국인의 배일(排日)기세를 선동하는 고로 중국 관헌은 중일국교에 관계가 미칠까 염려해 엄중히 단속하나 이 한인 등은 중국어에 유창해서 중국 관헌이 판명하여 체포하기 극히 어렵다"고 보도했다.* 조선총독부 경무국 역시 고려인삼의 중국 수출이 한인들의 독립운동에 이용되는 것에 주의를 기울여야 한다고 보고할 정도였다.**

당시 상하이는 중국 인삼 유통의 핵심 지역이었다. 상하이는 중국 인삼의 집산지이자 소비지역으로, 중국의 인삼은 상하이를 구심점으로 해서 홍콩, 타이완, 동남아, 북미와 남미로까지 수출되었다. 당시 상하이에는 고려인삼을 취급한 해송양행, 금문공사, 배달공사, 상성공사, 원창공사 등이 있었다. 그중 해송양행의 설립자 한진교는 1916년 상하이 임시정부가 민족교육기관인 인성학교를 설립하자 그 비용을 지원했고, 1919년 김규식(金奎植)이 파리강화회의에 참석할 수 있도록 여비를 댔다. 1920년 도산 안창호가 홍콩, 베이징 등으로 미국 의원단과 접촉할 수 있도록 비용을 지원한 것도 상하이의 인삼 상인들이었다. 이들의 도움 아래, 조선의 독립운동가들은 인삼 행상을 가장하거나, 인삼 판매회사 사원의 신분으로 세계 여러 나라를 다니면서 다양한 정보를

---

* "韓人은 中國의 過激派와 聯絡하야 數百名의 團員이 賣藥 高麗人參 等의 行商人으로 變裝하야 揚子江沿岸 各地交通頻繁한 街頭에 露店을 設하고 外面으로는 賣藥한다 하고 內容으로는 朝鮮亡國慘狀과 日本의 苛酷한 待遇를 演說하야 中國人의 排日氣勢를 煽動하는 故로 中國官憲은 中日國交에 關係가 及할가 하야 嚴重 取締하나 該韓人等은 中國語에 流暢하야 中國官憲이 判明하야 逮捕하기 極難하다고."「排日裏에 韓人」(『獨立新聞』 1919.11.20.에서 재인용)

** 일본고등경찰 제4163호, 상하이정보, 1922.12.28.

왼손에 수류탄, 오른손에 권총을 들고 태극기 앞에서 절명사를 가슴에 붙인 채 촬영한 윤봉길. 독립자금 마련을 위해 한때 인삼 행상으로 활동한 이력이 있다./위키백과

수집하거나 전하기도 했다. 우리에게 잘 알려진 독립운동가 윤봉길 의사도 한때는 독립자금 마련을 위해 인삼 행상을 하기도 했다. 인삼 상인들은 그들의 판매 네트워크를 이용해 독립군의 이동을 도왔으며, 또 때로는 독립군들에게 은신처를 제공하기도 했다. 다만, 아쉽게도 이러한 지원들은 비밀리에 이루어졌기에 관련자의 증언 이외 문헌자료가 드물다.

인삼 상인의 '노블레스 오블리주'

조선 시대 의주 상인 임상옥이 중국과의 인삼 무역으로 거대한 부를 축적했다는 이야기는 많이 알려져 있으나, 그가 빈민구제 등의 자선사업에 앞장섰다는 사실은 잘 알려지지 않았다. 임상옥은 인삼무역으로 벌어들인 재화로 굶주린 백성과 수재민을 구제하는 데 힘썼다. 이러한 공로를 인정받아, 1832년 곽산군수(郭山郡守), 1835년 구성부사(龜城府使)로 발탁되기도 했다. 비변사의 논칙으로 관직에서 물러난 후, 일생을 빈민구제를 위해 노력했다. 임상옥은 비록 권문세가나 고관은 아니었으나, '노블레스 오블리주'를 몸소 실천했다고 할 수 있겠다.

또 다른 의주 출신 인삼 상인으로 한재룡(韓材龍)이 있다. 1903년 타이완으로 이주했고, 그곳에서 인삼 농장을 운영하면서 독립운동을 지원했다. 당시 의주나 개성 출신의 인삼 상인들은 인삼 판로 개척을 위해 중국을 경유해 홍콩, 타이완으로 대거 진출했다. 타이베이(臺北) 현지 적응에 성공한 한 후, 한재룡은 선흥사(鮮

興社)라는 인삼 농장을 운영하며 부를 축적한다. 하지만 그는 부를 자신을 위해 쓰기보다 조국의 독립운동과 타이완으로 이주한 동포들을 지원하는 데 아낌없이 사용했다. 1921년 기자 박윤원(朴潤元)은 잡지 『개벽』(13호)에 '타이완에서 생활하는 우리 형제의 참상'이란 글을 발표했는데, 타이완의 자산가 한재룡이 수만금에 달하는 재산을 타이완으로 건너온 빈곤한 동포를 구제하는 데 썼고, 그가 경영하던 인삼 농장 선흥사는 가진 것 없이 굶주린 동포 형제들의 수용소나 다름없었다고 썼다.

인삼 무역으로 얻은 재력을 조국의 독립과 동포들의 안전을 위해 아낌없이 썼다는 점에서 보면, 한재룡이야말로 진정한 '노블레스 오블리주'를 실천한 인물이라 하겠다. (김경아)

2장

선교사, 미지의 세계를 열다

16세기 바다를 건넌 선교사:
프란치스코 하비에르

한 선교사의 선교 사역이 세계사의 흐름에 큰 영향을 미쳤다면 우리는 어떻게 평가를 내릴 수 있을까? 역사에서 '만약'을 논하는 것이 의미가 없다고는 하지만, 스페인 출신의 한 선교사가 만약 동양으로 향하지 않았더라면 세계사의 흐름은 어떻게 바뀌었을까 하는 상상과 함께, 일어난 역사적 사건들을 반추해 평가를 내려야 하는 것은 어쩌면 후대인들의 몫일지도 모른다.

16세기의 유럽은 내부의 갈등으로 사분오열을 하고 있었고, 그 중심에는 마르틴 루터와 장 칼뱅의 '종교개혁'이 있었다. 활발한 프로테스탄트들의 활동으로 교세가 번져가면서 가톨릭 교회는 위축되었고 이러한 위기 속에서 반 종교개혁에 박차를 가하였다. 16세기 이전까지 유럽과 아시아는 각각의 문명 속에서 삶을 영위해

왔지만, 이후 유럽의 '대항해시대'가 본격화되면서 동서양 간의 문명의 만남이 시작되는데, 스페인과 포르투갈이 그 서막을 열게 된다. 아메리카 대륙과 아프리카 진출을 시작으로 아시아 진출의 항로가 개발되면서 새로운 세계화 시대가 열리고, 몇몇 인물이 그 선봉에 서는데 그중 한 선교사를 소개하고자 한다.

프란치스코 하비에르(Francisco Xavier) 탄생과 예수회 설립

이냐시오 데 로욜라(출처: wikipedia)

프란치스코 하비에르(이하 하비에르)는 1506년 4월 7일 스페인 나바라 왕국의 귀족 가문에서 막내아들로 태어났다. 그는 9세 때 사제 미켈로부터 세례를 받고, 프란치스코라는 세례명을 받는다. 신학 수업에 필요한 헬라어, 라틴어 등을 배우며 가톨릭 문헌을 통해 신학을 학문적으로 깊이 있게 공부한다.

19세가 되어 고향을 떠나 프랑스 파리의 상트 바흐브 대학에서 11년간 유학생활을 하며 운명의 만남을 갖게 된다. 바로 예수회 창설 멤버가 될 프랑스 출신 피에르 파브르(Pierre Favire)와 스페인의 군인 출신인 만학도 이냐시오 데 로욜라(Ignatius de Loyola, 이후 이냐시오)를 만나는데, 이들은 룸메이트로 인연을 맺게 된다. 이후, 스페인 출신 디에고 라이네스(Diego Laynez), 알폰소 살메론(Alfonso Salmeron), 니콜라스 보바디야(Nicolas Bobadilla)와 포르투갈 출신 시몽 로드리게스(Simão Rodrigues)가 합류한다. 이들은 예수 그리스도의 참 제자가 되어 신앙과 헌신으로 위기의 세상을 구하겠다는 결의를 다짐하게 되는데, 이것을 '몽마르트르 서원'이라고 한다. 1534년 8월 15일 몽마르트 언덕의 작은 성당 지하에서 파브르의 집례 하에 평생을 신앙의 동지로 남겠다는 맹세의 기도를 드리는 것이다. 이후, 영신 수련을 통해 자신들의 미래를 정하는데, 하비에르는 수일간 노끈으로 가슴과 손을 묶는 고행과 금식을 자청하며 영신 수련을 마친다.

1539년 4월 19일, 예수회는 가톨릭 교회의 공식 수도회로 탄생하는데, 총장은 '종신직'이며 '교황의 명령에 절대적으로 복종' 하는 것과, '교황께서 명령하시는 임무는 아무리 힘들고 위험한 사역이라도 반드시 따른다'라는 절대 명령복종의 군대식 조직 모습을 지녔다.

아시아로의 항해와 인도 선교

종교개혁으로 인해 신교(프로테스탄트)와 구교(가톨릭)가 대립하며 분열이 본격화되자, 교황의 지시로 이냐시오와 하비에르를 제외한 모든 예수회 회원은 유럽 각국으로 흩어진다. 그 뒤를 이어 하비에르는 아시아 선교 책임자이자 교황대사로 임명되어 리스본

종교개혁가들(출처: wikipedia)

으로 이동, 1541년 4월 1일 산티아고호를 타고 인도 고아를 향해 1여 년의 긴 여정을 시작한다.

항해 중 계속되는 뱃멀미의 고통 속에서도 선원, 군인, 무역상, 죄수 들을 돌보고, 미사를 올리며 고해성사를 받는 등 사역을 멈추지 않았다.

1542년 5월 6일 인도 '고아'에 도착한 하비에르는 병원과 감옥 등에서 성례를 베풀고 종을 이용하여 마을을 돌며 선교를 펼친다. 하지만 원주민 대상의 선교는 언어의 장벽에 부딪혀 새로운 사역의 모델을 모색하던 중, 인도 고아의 총독으로부터 인도 동남부의 '진주해변'으로의 사역을 부탁받게 된다. 5개월간의 고아 선교를 마치고 1542년 9월 말, '진주해변'으로 선교지를 이동한다. 그러나 한 명의 사제도 없는 미지의 땅에서 인력난에 부딪히기 시작한다. 한 달간 만여 명에 이르는 현지인들에게 세례를 베풀고 세례를 베푸느라 팔이 아플 정도였다고 하니, 세례를 받기 위해 구름 떼처럼 몰려드는 사람들의 모습과 그 상황은 가히 상상하기 어렵다. 하지만 당시 인도의 남부 지역에는 이미 도마 그리스도인*이 존재하고 있었고 그나마 현지인들의 훈련을 통해서 선교 인력난을 극복해 나간다.

---

* 기원후 A.D. 52~72년에 그리스도의 열두 제자 중 의심이 많은 도마가 이곳 인도의 동부와 서부연안에 복음을 전했고, 순교 후 이곳에 묻혔다. '성 도마 그리스도인'이 종교생활을 유지해왔다는 믿기 어려운 전승된 이야기에 하비에르는 큰 충격을 받았다. 16세기 초, 포르투갈 탐험가들에 의해 무덤 위에 산토메 성당이 지어졌고, 2006년에는 가톨릭의 성지가 되었다.

이후 사역 활동 중, 힌두교 수행자들과의 토론을 통해 힌두교 경전의 가르침이 성경의 십계명과 흡사함을 알게 되는데, 이는 힌두교의 원래 모습이 유일신교에 가까웠을 것이라는 결론에 이르게 한다. 당시의 선교방법으로는 있을 수 없는 종교 간의 대화를 통해 접근하여 그리스도교의 교리와 연결을 시키려 했던 시도를 보아, 하비에르가 시대를 직시하고 선교를 지혜롭게 풀어나가려 했던 명철한 인물이었던 것은 의심할 여지가 없다. 1545년 5월, 하비에르는 성 도마의 이름을 딴 도시 산토메(San Thome) 지역의 산토메 성당에 도착한 후, 주교대리인 가스빠흐 코엘료(Gaspar Coelho)의 보좌 신부 자격으로 4개월간 사역과 기도생활을 하며, 아시아 선교의 미래를 결정하고, 말라카 해협으로 선교지 이동을 결정한다.

말라카에서 만난 인연

폭풍과 해적 위협의 공포를 안고 1545년 8월 하비에르는 포르투갈의 작은 무역선에 올라 한 달 남짓의 항해 끝에 말라카에 도착한 후, 주위의 만류에도 불구하고 화산과 식인종의 위협이 있는 몰루카제도의 섬들에서 원주민들에게 세례와 신앙 교육을 이어나간다.

1547년 선교지 점검을 위해 다시 돌아온 말라카에서 무사 출신 일본인 안지로(安次郎)와 생각지도 못한 인연을 맺게 된다. 당시 일본은 13세기 마르코 폴로의 『동방견문록』을 통해 지팡구라

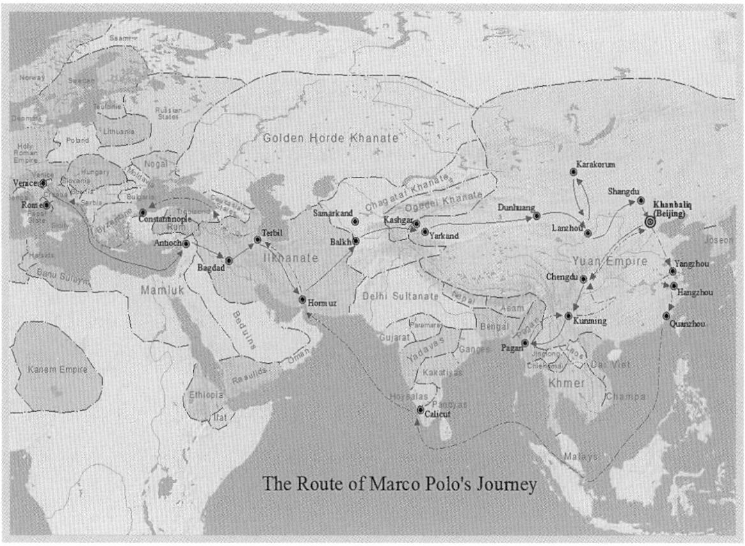

마르코 폴로의 여행 루트(출처: wikipedia)

는 이름으로, 황금으로 가득한 미지의 나라로만 알려져 있었다. 우연히 1543년 태풍으로 인해 포르투갈의 무역선이 규슈 남단의 다네가시마(種子島)에 표류를 하면서 유럽인들에게 지팡구는 실재하는 나라로 알려지게 되고, 이후 포르투갈인 조르즈 알바르스(Jorge Alvares)라는 무역선장을 통해 일본으로의 무역항로가 개척이 되면서 말라카와 가고시마(鹿児島)를 왕래하게 된다.

가고시마에서 살인사건에 연루된 안지로는 도피처를 찾다가 가고시마에서 알고 지낸 조르즈 알바르스의 도움으로 시종 두 명과 함께 말라카로 도피해 오게 된다. 고향으로 돌아가지도 못하는 신세가 된 안지로는 향수병과 죄책감으로 많이 힘들어했고, 기회가 있으면 다시 일본으로 돌아가고자 했다. 선장의 도움으로 포르투갈어를 배우며 하비에르 신부에 대한 이야기도 자주 듣게 되는데, 안지로는 언젠가 하비에르를 만나 본인의 고민을 치유받기를 고대하고 있었다. 세례를 받고 개종할 의사가 있었던 안지로는 드디어 1547년 12월 7일 하비에르와 운명적인 만남을 갖는다.

미지의 나라 지팡구로

말라카에서 이루어진 일본인 안지로와 스페인에서 온 하비에르의 만남은 동아시아 그리스도교의 선교에 첫발을 내딛는 순간이었다. 안지로와의 대화를 통해 일본선교에 대한 기대감이 커진 하비에르는 1547년 12월 말, 안지로와 두 명의 시종을 데리고 일본 선교 준비를 위해 인도 고아로 다시 향한다. 일본 선교를 위해서는 안지로의 신학교육이 필요하다고 생각한 것이다. 하비에르는 성바울 신학교에서 안지로와 두 명의 시종에게 신학교육을 시키고, 일본인 최초로 세례를 받게 한다. 안지로는 '성스러운 신앙의 바울(Paulo de Santa Fe)', 두 시종은 '주아옹(João)'과 '안토니오(Antonio)'라는 세례명을 받는다.

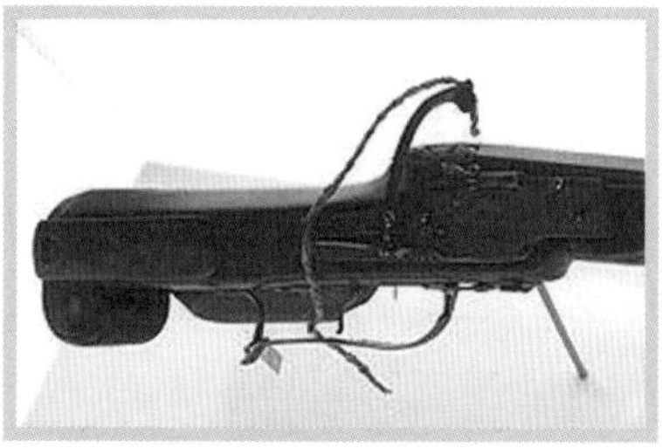
화승총(출처: wikipedia)

1949년 4월 25일 하비에르 일행은 17개월간의 선교 준비를 마치고 포르투갈 무역선을 타고 일본으로 떠날 준비를 한다. 태풍과 왜구의 위협이 도사리는 해상 항해는 무역상들에게도 큰 공포였지만, 당시 직접적인 교역이 없었던 중국과 일본 사이에서 중국의 고급비단과 일본에서 생산되는 은의 중개무역을 통해 큰 이익을 보고 있었던 포르투갈 상인들에게는 목숨을 걸고도 항해를 할 만한 상황이었다.

먼저 말라카로 이동하여 계절풍의 힘을 빌려 항해를 해야 했기 때문에 시기를 기다릴 수밖에 없었다. 하지만 일본까지 데려다줄 포르투갈 상선은 좀처럼 나타나지 않았고, 급기야는 어렵게 중국 상선을 구해 1949년 6월 24일 일본을 향해 출항을 하게 된다. 항해 중 하비에르가 동료 선교사들에게 쓴 편지의 기록을 보면, 배 위에서의 우상숭배, 항해 중에 일어난 선장 딸의 익사 사고 등으로 아주 위험한 사태에 직면하기도 했던 것으로 보인다. 이러한 우여곡절을 통해 출발한 지 7주 만인 8월 15일 일본열도의 최남단에 위치한 가고시마(鹿児島)에 도착한다.

동서양의 만남으로는 당나라 초기, 네스토리우스파 교회의 기독교가 중국의 수도 장안까지 전파가 된 적은 있으나, 일본열도에 도래한 선교사는 하비에르가 최초인 것이다. 먼저 안지로는 가고시마의 영주 시마즈 다카히사(島津貴久)의 초청으로 극진한 환대를 받는데, 이는 몇 년간의 외국생활을 하고 돌아온 안지로를 통해 포르투갈 상인들이 가져다줄지도 모르는 경제적 이익에 영주가 관심이 있었기 때문이다. 안지로를 만난 영주는 9월 29일 하비에르를 성채에 초청하여 극진하게 대접하였고, 소개받은 그리스도 신앙의 개요를 보며 자신의 신복들에게도 세례를 허가하여 하비에르는 영주의 아내와 자녀들 그리고 신복 등, 15명에게 세례를 베풀게 된다. 당시 16세기 일본은 강력한 중앙 권력이 없었을 뿐만 아니라 약육강식의 전국시대였던 상황을 고려했을 때, 하비에르와 동행한 포르투갈 상인들이 가지고 온 화승총과 유럽의 진귀한 물건은 선교활동을 허가할 정도로 호기심을 자아내기에 충분했다. 게다가 영주에게는 선장을 포함한 대부분의 포르투갈 상인들이 존경하는 하비에르가 포르투갈 무역신단의 중심인물로 보여졌을 것이다. 이후 하비에르는 『예수의 길』이라는 가톨릭 책을 일본어로 발간하는데, 일본과 일본인, 일본문화가 어떠했는지가 잘 나타나 있다.

"일본인들은 지금까지 발견된 인종 중 가장 뛰어나다고 할 수 있습니다. 그리스도교인이 아닌 인종 중에 일본인을 능가하는 인종을 찾기란 쉽지 않을 것입니다. 그들은 서로 우호적인 사회적 관계를 맺고 있으며, 다른 어떤 것보다 명예를 소중히 여깁니다.(중략) 남자들은 무기를 많이 소지하고 다니며, 귀족 평민 할 것 없이 14세 이상이 되면 모두 칼이나 단검을 휴대하고 다닙니다. 그들은 약간이라도 모욕을 느끼면 참지 않습니다. 평민들은 무사를 매우 존경합니다.(중략) 일본에서는 도둑을 찾아보기 힘듭니다. 그들은 이해력이 남달라 잘 알아듣고, 새로운 것을 배우는 것에 열정이 있습니다. 그들은 고대 (중국) 철학자들의 지혜를 믿고 있습니다. 많은 일본인들이 해와 달을 숭배합니다. 그들은 이성적 판단을 존중하며 이성적으로 옳다고 판단하는 것에 따라 살아가는 사람들입니다."

-김상근, 『아시아 선교의 개척자 프란치스코 하비에르』 홍성사, 2010, pp.226-227

하비에르는 일본에 대해 우호적인 생각을 갖고 있었고 일본 선교가 아시아 선교의 교두보가 될 것이라고 판단을 내린다. 사역활동 중, 가고시마 내 선불교 사찰의 주지승, 그리고 승려들과 서로의 종교에 대해 토론을 벌이기도 한다. 하지만 통역을 담당했던 안지로는 한자를 알지 못하여 불교 경전을 해석할 수 없었기 때문에 제대로 토론이 진행되지 못했다. 하비에르는 통역과 번역에 대한 한계를 느끼지만, 어렵게 개척한 일본의 선교활동에 대해 긍정적인 평가를 내리며 일본으로 더 많은 선교사를 파송할 수 있도록 포르투갈 국왕에게 간절히 요청한다.

가고시마와 히라도에서의 결실

하비에르는 안지로가 일본어로 번역을 한 '십계명'과 '교리'를 암기하여 길거리 전도활동과 더불어 일본인들에게 세례를 베푼다. 첫 번째 세례를 받은 인물은 베르나도(Bernardo)라는 일본 청년으로, 하비에르의 일본 체류기간 동안 동행한 인물이다. 이후 그는 포르투갈로 건너가 예수회에 입단하여 아시아 선교에 큰 영향을 미쳤다. 일본 본토 최초의 개종자이며 예수회의 회원이 된 베르나도는 포르투갈 코임에서 임종을 맞는다. 두 번째 세례를 받은 인물은 미카엘(Michael)이라는 사무라이의 시종이다. 본인의 식구는 물론 모시던 사무라이, 그 부인과 자녀들 모두 15명이 세례를 받기도 했다. 세 번째 개종자는 가고시마의 영주 시마즈 다카히사 영주에게 하사 받은 집에서 거주할 당시, 일행의 숙식을 담당하는 여주인의 딸 마리아(Maria)이다. 이후 마리아는 하비에르가 일본을 떠나고 10여 년이 지난 뒤에도 가고시마에서 200여 그리스도교인들의 실질적인 리더로 활동하며 마지막까지 신앙을 지키다 순교했다는 일화가 전해진다.

하비에르는 가고시마에 체류하는 기간 동안 100여 명에게 세례를 베풀었는데, 인도 진주해변에서 이룬 성과에 비하면 적은 인원이었다. 일본어에 능숙하지 못한 점과, 일본과 유럽의 세계관 차이에 넘기 어려운 한계를 느낀 하비에르는 조금씩 다른 방법을 생각하기에 이른다. 그러한 상황에서 가고시마 내 개종자의 증가로 위기감을 느낀 불교 승려들은 영주를 설득하기 시작했고 결국 영주는 하비에르의 길거리 전도와 설교를 금지하며 개종자에게는 사

마쓰라 다카노부(출처: wikipedia)

형에 처하겠다고 발표하는 등 실질적인 금교령이 내려진다. 마침 규슈 북서부에 위치한 나가사키(長崎)의 히라도(平戸)에 포르투갈 무역선이 도착했다는 소문을 듣고 하비에르는 1550년 8월 가고시마를 떠나 히라도에 도착하는데, 히라도의 영주인 마쓰라 다카노부(松浦隆信) 역시 하비에르 일행을 환대하며 하비에르의 명성을 이용하여 포르투갈과의 적극적인 교역을 추진하기 위해 영지 내에서의 자유로운 선교활동과 종교의 자유를 허락한다. 당시 유일한 연락수단은 편지였는데, 로마, 인도 고아, 말라카 등에서 편지가 올 것으로 고대하고 찾아간 히라도의 무역선에 한 통의 편지도 없어 크게 실망한 하비에르는 어떻게든 일본 선교를 성공시키고자 노심초사 끝에 일본 국왕을 만나 선교를 시도해야겠다는 큰 계획을 세운다. 그리고 그 계획을 실행하기 위해 가고시마로 돌아가 안지로와 마리아에게 그리스도 공동체를 맡기고 다시 히라도로 돌아온다. 이후 한 달간 히라도에 머물며 100여 명에게 세례를 베푸는 등 적극적인 선교 활동을 펼치면서 일본 국왕을 만나기 위해 교토로 떠날 준비를 한다. 1947년 12월 말라카에서 만난 안지로와는 3년 남짓 생활을 뒤로하고 이별을 한다.

안지로는 일본인 최초의 개종자이며 일본 선교의 초석을 놓은 인물로 기록되고 있다. 하지만 이후, 예수회 선교사인 루이스 프로이스(Luís Fróis)의 『일본의 역사』에 안지로의 이야기가 등장하는데, 하비에르가 떠난 뒤 해적이 되어 중국인 뱃사람들과의 싸움에서 피살이 되었다고 한다.

오이타시의 하비에르 동상(출처: wikipedia)

국왕을 만나기 위한 여정

하비에르는 일본 국왕을 만나기 위해 1550년 10월 히라도 섬을 떠나, 일본어에 능통한 후안 페르난데스 수사, 일본인 개종자 베르나도와 함께 혼슈(本州)로 가는 배에 오른다. 시모노세키(下関)에 도착한 후, 야마구치(山口)를 향해 걸어서 이동하는데, 추위와 함께 마을 어린이들의 욕설과 돌팔매질 등으로 봉변과 큰 곤욕을 겪는다. 가고시마나 히라도와는 전혀 다른 배타적인 모습에 크게 당황했을 것이다. 야마구치에 도착한 하비에르 일행은 길거리 설교와 승려, 귀족들과의 만남을 통해 적극적으로 그리스도의 교리를 전하는 과정에서 관용적인 설교가 아니라 잘못된 죄악에 대한 질책의 어조를 사용했다. 일행은 그러한 하비에르의 선교활동에 관심을 가진 귀족 나이토 다카하루(内藤隆春)를 통해 야마구치의 영주인 오우치 요시타카(大内義隆)를 만나게 된다. 요시타카가 유럽과 인도에 대한 질문을 시작으로 그리스도교의 종교에 대해 묻자 하비에르는 동행한 페르난데스 수사에게 일본어로 된 십계명을 읽게 하였고, 동성애에 대한 죄악을 설명하는 과정에서 요시타카가 분노의 표정을 짓자 귀족들의 도움으로 성을 빠져나왔다는 일화도 전해진다.

영주를 분노케 한 하비에르는 야마구치를 떠날 수밖에 없었고, 그러한 이야기가 사람들에게도 알려지면서 많은 사람들의 희롱과 돌팔매질이 이어졌다. 우여곡절 끝에 교토에 도착한 하비에르는 야마구치에서 인연을 맺은 나이토 다카하루의 소개로 고니시 류사라는 사람을 만나게 된다. 하지만 그는 하비에르 일행에게 기대

오우치 요시타카(출처: wikipedia)

이하의 사실을 전한다. 일본 국왕은 정치적, 군사적 힘이 전혀 없고 명목상으로만 존재한다는 것이었다. 또한 일본 국왕을 만나기 위해서는 일정량 이상의 조공과 예의를 갖춘 의복을 입어야 하는데, 준비가 갖춰지지 않았던 하비에르 일행은 국왕의 초라한 왕궁 근처만 배회하고 난 뒤, 하비에르가 세운 일본 국왕의 개종 계획은 잘못된 계획이었음을 깨닫는다. 당시 유럽의 강력한 중앙집권적인 국왕 통치의 형태와 전혀 다른 일본의 상황을 잘 알지 못했기 때문이다. 더 이상 교토에 머물 이유가 없어지자 다시 히라도로 돌아간 하비에르 일행은 한 번 만난 적이 있는 야마구치 영주 오우치 요시타카를 다시 만나기를 요청했고, 히라도에서 갖고 온 선물을 챙기고 화려한 비단옷을 입는 등, 첫 번째 만남과는 달리 최대한의 예의를 갖춰 성채로 들어간다. 선물에는 회중시계, 망원경, 와인, 조총과 화약 등이 있었는데, 영주는 매우 기뻐했고, 답례로 많은 금과 은을 하사하였다. 하비에르는 답례를 사양하며 대신 영주의 영토 내에서 선교활동을 할 수 있게 하고, 개종하는 사람을 보호해 달라고 부탁한다. 영주는 부탁을 받아들여 그 내용을 공식적으로 허락했다.

일본 선교에 대한 한계 그리고 중국 선교의 꿈

하비에르의 존재와 포르투갈 선박의 기항을 통해 문물 교역에 관심이 많았던 규슈 지역의 영주들은 하비에르를 만나기를 원했다. 또한 규슈 북동부 지역은 불안한 정치적 상황이었기 때문에 조총 등의 신무기를 받아들여 강력한 군사력을 보유하고자 하는 영주들에게는 큰 관심거리였다. 이러한 상황 속에서 당시 분고(豊後)로 불리던 규슈의 오이타(大分) 지역 영주 오토모 요시시게(大友義鎮)의 초청을 받는다. 그러자 하비에르는 1551년 9월, 야마구치 그리스도 개종자들의 책임자로 꼬스메 디 또레스와 후안 페르난데스 수사를 임명하고 본인은 가고시마 출신의 베르나도, 주아옹, 야마구치에서 세례를 받은 마테오와 함께 분고 지역으로 떠난다.

하비에르가 분고의 후나이(府) 성에 도착했을 때 모든 포르투갈 선박에서는 예포를 쏘아 올리며 그를 환대하였다. 새로운 종교에도 관심이 많았던 오토모 요시시게 역시 그를 환대하며 선교활동을 적극적으로 지원하였다. 하비에르는 영주의 지원으로 600명 이상에게 세례를 베풀기도 하는데, 이를 보다 못한 한 승려가 후나이 성내에서 종교적 공개토론을 제안한다. 하비에르는 영주와 참관원들이 지켜보는 가운데 승려와 종교적 교리에 대한 논박을 주고받으며 토론을 펼친다. 이러한 상황 속에서 하비에르는 다시 한번 언어와 일본 속 불교문화에 대한 무지의 한계를 느낀다. 게다가 일본에 온 이래 로마와 인도, 말라카로부터 한 통의 편지도 받지 못한 것에 대해 많은 불안감을 느낀 하비에르는 결국 선교지 점검과 훈련된 선교사를 찾기 위해 다시 인도행을 결심한다.

1549년 8월 15일에 일본에 첫발을 디딘 후, 2년 3개월여 만인 1551년 11월 20일에 하비에르는 다시 인도로 향하는 배에 오른다. 하지만 출항한 지 7일 만에 큰 태풍을 만나 중국이 보이는 광둥성 남쪽 상천도(上川島)에 상륙하는데 그곳에서 히라도에서 만난 포르투갈 상인 프란시스코 페레이라 디 미란다(Francisco Pereira de

Miranda)에 대한 소식을 접한다. 하비에르와 특별한 관계였던 프란시스코 페레이라 디 미란다는 당시 중국 명나라의 해금정책과 쇄국정책에도 불구하고 광둥성 내륙으로 들어갔다가 체포를 당했고 감옥에서 고문을 당하고 있다는 것이었다.

급히 다시 인도 고아로 돌아온 하비에르는 인도와 주변의 선교 현황을 파악하고 다시 중국 상천도로 떠난다. 당시 상천도는 중국 명나라의 쇄국정책에도 불구하고 중국과 포르투갈 무역상들이 밀무역 활동을 하는 곳이었다. 이 무렵 하비에르는 선교지를 중국으로 변경하였다고 볼 수 있다. 자신의 친구인 포르투갈 상인의 투옥도 영향을 미치지 않았다고 볼 수는 없지만, 일본에 문화와 종교적 영향력을 미치는 중국에 복음을 전해 변화를 시키고자 하는 큰 계획을 갖고 있었던 것이다. 특히 동아시아의 중심이었던 중국은 강력한 중앙집권적 체제였기 때문에 포르투갈 국왕의 공식적인 신임장을 갖고 외교관 신분으로 중국황제를 만나 교류를 시작하여 개종을 시키면 자연스럽게 중국과 일본도 개종이 될 것으로 생각했던 것이다.

상천도에서의 순교

하비에르는 계속적으로 중국 입국을 시도한다. 상천도에서 중국 내륙까지의 거리는 14km밖에 되지 않았지만 중국 당국의 체포를 당할 위험을 무릅쓰고 하비에르를 중국 내륙까지 데려다줄 선장은 끝내 나타나지 않았다. 기다림에 지치고 그동안 거친 항해를

고아의 봄 지저스 대성당에 안치되어 있는 하비에르의 관(출처: wikipedia)

하면서 누적된 피로와 의도대로 진행되지 않는 선교지에서의 스트레스의 탓일까? 1552년 11월 21일 하비에르는 열병으로 쓰러진다. 그는 쓰러지기 전 마지막 순간까지 한 사람의 장례미사를 집전했다. 의식을 되찾았다 잃었다를 반복하며 마지막까지 기도의 말씀을 되뇌다 1552년 12월 3일 46세의 나이로 임종을 맞는다.

상천도에 매장된 시신은 다시 수습하여 1553년 3월 22일 산타크루즈호에 실려 말라카로 옮겨졌는데, 그때까지도 시신은 썩지 않고 그대로 유지되어 있었다고 한다. 다시 같은 해 11월 무역선을 통해 말라카에서 고아로 시신을 옮겼는데 당시 하비에르의 귀환은 고아의 일대 사건이었다. 인도 총독을 포함한 모든 사람들이 성자 하비에르의 귀환을 환영하였다. 하비에르의 썩지 않는 시신은 지금도 인도 봄 지저스 대성당에 모셔져 있고 460여 년이 지난 지금까지 그 시신은 기적과 같이 잘 보존돼 있다.

하비에르의 무덤에는 "주여 이제 충분하옵니다(Satis est, Domine, Satis est)"라고 적혀 있다. 평생을 가본 적도 없고 들어본 적도 없는 미지의 나라에 복음을 전하고자 고통과 시련 속에서도 묵묵히 감내하고 걸어왔던 그의 생애를 마치 한 문장으로 표현한 듯하다.

복음의 씨앗이 싹을 틔운 일본

하비에르에 의해 복음의 씨앗이 뿌려진 일본 땅은 어쩌면 그에게는 황량하고 척박하기 그지없는 땅이었을 것이다. 중국의 불교문화와 신도(神道)가 뿌리 내려진 곳에서 사제 복장을 하고 동양인과 다른 얼굴의 유럽인 신부가 복음을 전하는 모습은 과연 당시 일본인들에게 어떻게 비쳤을까? 그는 길거리에서 다이니치(大日)를 믿으라고 외치고 다녔다. 나중에, 다이니치가 일본에 전파된 진언종의 근본부처와 동일한 이름이고, 안지로가 하나님을 다이니치로 잘못 번역한 사실을 알게 된 하비에르는 "다이니치를 믿지 마시오"라고 재차 외치고 다녔다는 에피소드도 전해진다.

하비에르가 전한 그리스도교는 시간이 지난 후 싹을 틔우기 시작했다. 1558년까지 히라도를 중심으로 신자가 수천 명으로 늘어난다. 1558년 불교와 신도 세력의 반발로 예수회 신부들은 추방을 당하며 나가사키 사세보 인근의 요코세우라(横瀨浦)로 거점을 이동하게 된다. 나가사키 오무라(大村) 지역 영주인 오무라 스미타다(大村純忠)는 1563년 토를레스 신부에게 세례를 받아 일본 최초의 기리시탄 영주가 된다. 오무라 영주는 나가사키항을 개항하고, 여섯 개의 마을을 예수회에 헌납하는데, 이후 1585년도까지 오무라의 영지에 87개의 교회가 세워지면서 나가사키는 일본의 '작은 로마'로 불린다.

1582년 일본 최초의 초등신학교가 세워지고 신학교 1기생 4명이 로마에 파견이 되는데, 이를 '덴쇼(天正)견구소년사절단'이라고 한다. 일본 최초의 유럽으로 파견된 사절단이기도 하다. 1593년 구마모토(熊本)의 아마쿠사(天草)에서는 3만여 명의 전 도민이 그리스도교 신자로 개종하였고, 1601년 일본 내 신자 수는 약 30만 명에 달하며 당시 일본의 인구인 1천만 명을 기준으로 전 인구의 3%가 그리스도교 신자였던 적도 있었다.

1587년에 도요토미 히데요시(豊臣秀吉)의 바테렌(신부) 추방령을

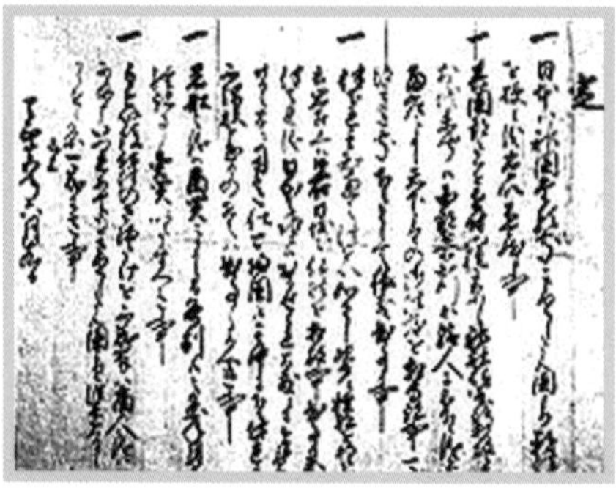
히데요시의 바테렌 추방령(출처: wikipedia)

시작으로 1597년 2월에는 나가사키의 니시자카(西坂) 언덕에서 신부 6명, 일본인 신도 20명을 십자가형에 처하는 등 본격적인 그리스도교 탄압이 시작되었다. 1603년 도쿠가와 이에야스(徳川家康)에 의한 에도 막부 시대가 열리며 금교령과 탄압은 더더욱 강화되는데, 이로 인해 농민들의 봉기가 일어난다. 이것을 '시마바라(島原) · 아사쿠사(浅草)의 난'이라고 하는데 농민 대부분은 그리스도교 신자였고 12만 명의 막부 토벌군과 3만 7천 명의 농민군 간에 전투가 벌어진다. 그리고 이 전투에서 농민군은 두 달 보름 만에 3만 7천 명 모두 전멸을 당한다.

무자비한 막부의 탄압에 신자들은 주변의 섬들로 숨어들기 시작하고 1614년 막부의 금교령 이후, 1873년 금교령 폐지까지 250여 년간 토착 그리스도교 신앙을 유지해 나간다. 이끌어줄 성직자도 없는 상황에서 탄압을 피해 자신들끼리 구전 전승만으로 신앙을 유지해왔던 것이다. 이들의 존재는 1865년 3월 17일 나가사키 오우라(大浦) 성당으로 프랑스 선교사를 찾아온 신도들로 인해 세상에 밝혀지는데, 이 사건을 '신도발견'이라고 한다. 그들은 '잠복 크리스찬'의 의미를 가진 '가쿠레 기리시탄(かくれキリシタン)'으로 불리며 2018년 7월 '나가사키와 아마쿠사 지방의 가쿠레 기리시

탄 관련 유산'으로 UNESCO 세계문화유산에 등록이 된다.

동서양 문명교류의 세계사의 시작

16세기 유럽의 대항해시대에 인도와 말라카를 통해 일본에 도래한 한 선교사 하비에르에 의해 그리스도교가 전파되며 동서양의 문물은 활발한 교류의 물꼬를 트기 시작했다. 그는 인도 고아와 진주해변, 그리고 화산과 식인종의 위협이 도사리는 몰루카제도에서 원주민을 대상으로 선교활동을 한다. 말라카에서 만난 안지로와의 인연으로 미지의 나라 일본 선교의 꿈을 안고 목숨을 건 항해를 한다. 가고시마에서 히라도, 히라도에서 야마구치를 거쳐 교토까지 배와 도보로 이동하며 선교활동을 펼치는데, 그가 세운 일본 국왕을 개종시키려는 계획은 무산되고 만다. 당시 일본은 중앙권력의 부재와 약육강식의 전국시대였기에 오히려 다이묘(大名)로 불리는 영주로부터 영지 내의 선교활동을 허가받는 것이 최선의 방법이었다. 영주들은 오로지 군사력과 부의 증강에 큰 관심이 있었다. 선교활동의 허가는 당시 강력했던 불교세력에 대한 견제, 교역을 통한 부의 축적, 총포 등의 신무기를 통한 군사력 강화 목적으로 이루어졌을 것이다. 결국 언어와 문화, 종교의 이해 부족으로 선교활동에 한계를 느낀 하비에르는 중국으로 선교지를 변경한다. 하지만 당시 해금정책과 쇄국정책을 펼친 명나라 중국으로의 입국은 이루어지지 못한 채 상천도에서 순교를 하고 만다.

마테오 리치(출처: wikipedia)

하비에르의 순교 이후, 포르투갈 상선과 함께 많은 선교사들이 도래하였고, 당대 최강의 무장이었던 도요토미 히데요시도 예수회 선교사들에 대해 우호적이었다. 하지만 포르투갈 상인들과의 교역으로 막대한 부와 전투력을 증강시켜 나가는 규슈지역의 영주들을 도요토미 히데요시가 견제하기 시작하며, 바테렌(신부) 추방령과 함께 본격적인 탄압이 행해진다.

1603년 도쿠가와 이에야스에 의해 에도막부가 열리고 선교활동은 금지된다. 1636년 나가사키에 부채 모양의 인공섬 데지마(出島)가 만들어지고 선교활동을 하지 않는 네덜란드와의 교류만 인정되었다. 이후 에도시대에는 총포를 포함한 여러 문물과 의학에서 시작된 난학(蘭学), 과학, 수학, 천문학 등 여러 방면의 서적을 통한 학문의 교류 등이 꾸준히 이어졌다.

아이러니하게도 하비에르가 순교한 해인 1552년은 예수회 선교사 마테오 리치(1552~1610)가 태어난 해이기도 하다. 하비에르가 언어와 문화에 대한 이해 부족으로 일본 선교에 대한 한계를 극복하지 못했다면, 마테오 리치는 중국어의 습득은 물론 중국문화를 깊이 이해하고, 유교에 대해 그리스도교와의 유사점을 찾고자 노력했다. 동양선교에 대한 하비에르의 노력과 선교지에서 부딪힌 한계점이나 시행착오를 현지 적응방식과 융합적 사고방식으로 개선해 나갔던 것이다.

16세기 스페인 출신의 선교사 '프란치스코 하비에르'를 시작으로 일본과 유럽의 교류가 시작되었고, 하비에르가 이루지 못한 중국 선교를 '마테오 리치'가 이루며 중국과 유럽의 만남을 통해 동서양 간 '문명교류의 세계사'는 이렇게 시작되었다. (이상원)

선교사 카를 귀츨라프의 동아시아 연안 탐사와 서적 배포 이야기

그리스도교의 선교와 동아시아를 포함한 비서구 지역의 모더니티 및 근대지식 형성 사이의 관계는 중층적이며 역설적이라고 할 수 있겠다. 일부에게 선교사는 복음의 빛을 가져온 이들이었다. 서구의 신지식이 또한 그들을 따라 왔다. 하지만 또 한편의 다수에게는 총칼을 든 침략자들 등 뒤에서 움직이며 요상한 술법을 부리는 혐오와 두려움의 대상이기도 했다. 보수적인 위정자들은 이들이 기성 권위를 뒤흔든다고 경계했다. 이런 이유로 동아시아의 모더니티나 근대지식 구성과 관련해 선교사들의 역할은 한편으로는 과장되었고 한편으로는 축소되거나 은폐되었다. 동아시아 근대 형성의 일부였던 이들의 활동에 대해 보다 균형 잡힌 관심을 기울여야 하지 않을까 생각하면서 19세기 전반에 바다를 건너와 중국

중국 푸젠(福建) 선원 복장을 한 귀츨라프. 그는 현지 언어도 능숙하게 구사했다.

에서 활동한 독특한 서양인 선교사 한 명의 얘기를 소개한다.

홍콩에 묻힌 프로이센인 선교사

카를 귀츨라프(1803~1851)*는 프로이센의 퓌릿츠(Prytz)에서 태어났고 할레와 베를린에서 신학을 공부했다. 1826년, 네덜란드 선교회의 파송으로 자바로 오게 된 것이 귀츨라프의 동아시아 선교 생애의 시작이 되었다. 그곳에서 귀츨라프는 중국어를 배우며 선교의 '큰 밭'에서 일할 수 있길 소망했다. 1828년, 귀츨라프는 중국 선교를 승낙하지 않는 선교회를 떠나 독립선교사로 일하기 시작했다. 1830년대에는 주로 마카오를 근거지로, 아편전쟁 이후에는 주로 홍콩에서 활동했으며 그곳에서 1851년에 세상을 떠났다. 홍콩 공동묘역에 묻혔으며, 시내에는 그의 이름을 붙인 도로가 있다.

목회자, 해적, 돌팔이, 천재, 박애주의자, 사기꾼

개신교 중국 선교의 선구자인 로버트 모리슨(Robert Morrison, 1782~1834) 같은 경우, 선교를 위해 부득불 영국 동인도회사 직원으로 일하는 데 대해 갈등했으며 선교에서의 양적 실적에 대해 회

* Karl Friedrich August Gützlaff. 'Carl'로도 표기된다. 영어로는 'Charles Gutzlaff'로 적는다.

의했던 데 비해 귀츨라프는 선교자금을 마련하기 위해 어떤 세속적인 역할도 마다하지 않았으며 중국에 복음을 전파하기 위해서라면 어떤 방법도 가능하다는 입장을 보였다. 선교자금을 모으기 위해 신자 수를 부풀리는 것도 마다하지 않았다. 아서 웨일리는 저서 『중국인의 눈을 통해 본 아편전쟁』에서 귀츨라프를 "간단히 말해, 목회자와 해적, 돌팔이와 천재, 박애주의자와 사기꾼 사이의 혼종이었다"고 정리한 바 있다.*

귀츨라프는 1830년대에 아편 무역으로 성장한 자딘 매시선 상사(Jardin, Matheson & co.)를 돕는 통역활동을 했으며, 아편전쟁(1839~1842) 기간 동안에는 협상과정에 참여했고 영국군이 점령한 닝보(寧波)와 딩하이(定海)에서 민정장관 역할을 했다. 아편전쟁 이후에는 홍콩 식민당국을 위해 일했다. 그렇다고 귀츨라프가 제국주의의 침탈에 대해 아무런 양심적 가책이 없었던 것처럼 여긴다면 그것 역시 온당치 않은 것으로 보인다. 그는 선교를 위한 탐사에 당시 악명 높던 아편 수송선을 이용할 수밖에 없었던 상황에 대해 유감을 표하기도 했다.

---

* Arthur Waley, *The Opium War through Chinese eyes*, Stanford: Stanford University Press, 1958, p.233.

아편전쟁 개전 후 1840년 7월 4일에 저장(浙江) 저우산(舟山) 앞바다에 와 있던 영국 해군 웰즐리(Wellesley)호 선상에서 이루어진 영중 양측의 회동. 정중앙의 인물이 통역을 담당한 귀츨라프다. 담판의 결렬 다음 날 저우산에 대한 포격, 점령이 이루어졌다.

중국인에게 그리스도교와 서양을 알리다

귀츨라프는 동료 선교사들과 성경을 번역하고 선교 소책자를 집필했으며 1830년대 초에는 갖은 난관을 무릅쓰고 수차례 선교 여행을 감행했다. 귀츨라프는 중국 현지 복장을 하고 다닌 최초의 개신교 선교사로 알려져 있으며, 중국인 행세를 해도 될 만큼 현지어를 능숙하게 구사했다. 1844년에 복한회(福漢會, The Chinese Union)라는 단체를 설립해서 중국 내륙 지방에서의 선교를 위해 중국인 선교사 양성과 파송을 처음 시도했다. 동시에 새로 세례 받은 신자 수를 스스로 부풀렸거나 파송된 중국인 선교사들이 그 수를 부풀리는 것을 묵인했다는 혐의에서도 자유롭지 못하다.

서구 지식의 보급을 통해 선교의 토대를 마련하고자 하는 일에도 열심이었다. 1833년에는 광저우에서 『동서양고매월통기전(東西洋考每月統記傳)』이란 중문잡지를 만들었으며, 이듬해 말에는 당시 막 꾸려지고 있던 재화실용지식전파회(在華實用知識傳播會, Society for the Diffusion of Useful Knowledge in China)에 가입했다.

귀츨라프는 180여 종의 책자를 저술했거나 편찬했다. 이 가운데 60종 이상은 중국어로 쓰인 선교용 소책자였고 중역본 성경의 일부도 그의 작업에 포함되어 있다. 선교를 목적으로 한 중국어 소설도 써냈다.

문자를 통한 선교를 중시했던 귀츨라프는 중국 연해지역 곳곳에 적지 않은 양의 책자를 보급했고 그가 번역한 성경도 꽤 널리 퍼졌다. 서적을 통한 그의 선교활동은 훗날 태평천국운동을 일으키게 되는 홍수전(洪秀全)에게 그 영향이 파급되었던 것으로 보이며, 중국인에게 서양을 알리고 '보편적' 지식을 보급하고자 간행한 잡지나 책자들은 아편전쟁을 전후로 서양을 알고자 한 중국인 관료-지식인들에게 적지 않은 영향을 미쳤다.*

유럽에 생생한 중국을 알리다

또한 유럽어로 중국의 사정을 서구에 알린 저술들이 전한다. 뒤에 소개할 중국연안 항해 기록 외에 다음과 같은 저작들이 주목할 만하다. 『중국사 개술, 고대 및 현대(A Sketch of Chinese History, Ancient and Modern)』는 '현지 사정을 잘 아는 권위 있는 이'에 의해 저술되었다는 점이 강조되어 있다. 당시 형성되고 있던 영미 (선교사) 중국학에서 현지 거류와 직접 경험은 매우 중요한 권위의 원천이었다. 『열린 중국(China Opened)』은 중국의 지리, 역사, 관습, 산업, 문학, 종교 등을 개괄하고 있는 저작이다. 중국어 어법을 소개한 책을 펴내기도 했다.

그의 글들은 중국 신교에 대한 지지를 얻으려는 목적이 강해 과장이 많으며 객관성이 떨어진다는 비판을 받기도 하지만, 바로 그

---

* 귀츨라프의 활동이 근대 중국의 지식인에게 미친 이런저런 경로의 영향과 관련해서는 Jessie G. Lutz, *Opening China: Karl F. A. Gützlaff and Sino-western Relations, 1827-1852*, Grand Rapids, Mich.: William B. Eerdmans Pub. Co., 2008, pp.152-214, "Chapter 6: Translating Christianity for China", "Chapter 7: New Horizons"에 자세히 기술되어 있다.

와 같은 과장성과 흥미진진한 서사성 때문에 다른 선교사들의 중국 관련 저술에 비해 유럽의 독자 사이에서 광범위한 인기를 누렸으며 데이비드 리빙스턴, 칼 마르크스 등에게 영향을 주기도 했다.

세 차례에 걸친 중국과 동아시아 연안 탐사

1830년대 상반기 동안의 귀츨라프의 여러 활동 가운데 가장 두드러진 것은 역시 중국 연안 여행이다. 첫 번째 중국 연안 여행은 중국 배를 타고 1831년 6월 3일부터 6개월에 걸쳐 이루어졌다. 방콕에서 출발해 만주까지 갔다가 같은 해 12월 13일에 마카오로 돌아왔다. 두 번째 여정은 1832년 2월 26일에 시작되었다. 로드 애머스트(Lord Amherst)호에 승선한 일행은 산둥(山東)까지 갔다가 조선에 들러 한 달 정도 체류했고 제주도를 지나 류큐(琉球)를 들러 같은 해 9월 4일에 마카오로 귀환했다. 세 번째는 고속 무장 아편운반선인 실프(Sylph)호에 승선해 1832년 10월 20일에 출항, 중국 동부 연안을 경유해 산둥을 거쳐 랴오둥(遼東)까지 갔다가 다시 남하하면서 상하이 등지를 거친 여정이었다. 1833년 4월 29일에 귀환했다. 이 여정들을 기록한 글은 곧바로 차례차례 여러 잡지를 통해 소개되었고, 나중에 단행본으로 출판되었다.

두 번째 항해(1832년 2월 26일~9월 4일) 중 조선 체류

두 번째 항해는 동인도회사 선박인 로드 애머스트호에 승선해 이루어진 것으로, 항해의 주요 목적은 교역을 타진하고 항만과 해로에 관한 정보를 입수하는 것이었다. 귀츨라프는 통역관, 의사, 선목(船牧)의 임무를 맡고 있었다. 개인적으로는 물론 선교 전망의 타진이 중요한 목적이었다. 일행은 나중에 아편전쟁의 결과 청국이 영국에 열어주게 되는 푸젠(福建), 저장(浙江), 장쑤(江蘇)의 주요 항구들, 즉 샤먼(厦門), 푸저우(福州), 닝보, 상하이를 죄다 거쳤다.

일행은 중국 연안을 따라 산둥반도까지 북상했다가 황해를 가로질러 한반도의 서해안에 도달해 황해도 장산을 거쳐 충청도 보령 연안의 섬인 고대도에 상륙해 관원과 접촉하고 교역가능성을 타진했다. 귀츨라프가 보기에 조선은 서양인들에게 거의 알려져 있지 않은 은둔의 나라였다. 그의 글에서 조선은 관의 억압에 따른 대단히 폐쇄적이고 낙후된 사회로 그려지고 있다. 백성들은 외래인에게 관심을 보이면서도 접촉이 초래할 위험 때문에 잔뜩 긴장하고 있다. 이들은 모두 목이 달아난다는 손짓을 하며 움츠려든다. 그렇지만 관의 눈길에서 벗어난 상황에서는 중국인 어부들과 마찬가지로 친절하고 우호적이었다.

그는 조선인 역관의 도움을 받아 한글 자모를 채록해서 유럽에 소개했으며, 한문 필담을 통해 주기도문을 한글로 옮기기도 했다. 중국보다 여건이 더 열악했지만 성경과 선교서적을 배포하기도 했으며 조선 임금에게 성경을 비롯한 여러 가지 것들을 진상하고자 시도했다. 배에 싣고 온 씨감자를 현지에 심고 농민들에게 재

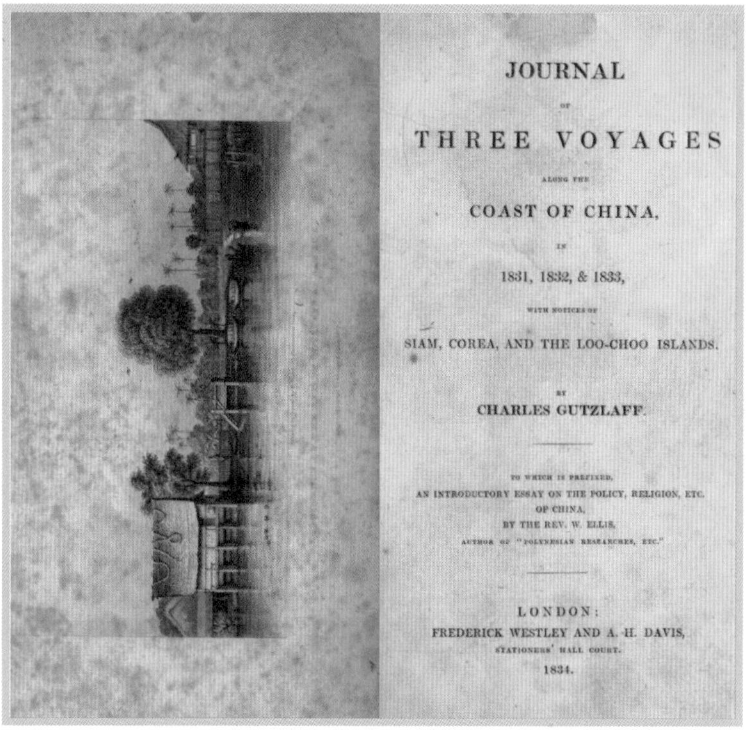
JOURNAL

OF

THREE VOYAGES

ALONG THE

COAST OF CHINA,

IN

1831, 1832, & 1833,

WITH NOTICES OF

SIAM, COREA, AND THE LOO-CHOO ISLANDS.

BY

CHARLES GUTZLAFF.

TO WHICH IS PREFIXED,

AN INTRODUCTORY ESSAY ON THE POLICY, RELIGION, ETC.

OF CHINA,

BY THE REV. W. ELLIS,

AUTHOR OF "POLYNESIAN RESEARCHES, ETC."

LONDON:

FREDERICK WESTLEY AND A. H. DAVIS,

STATIONERS' HALL COURT.

1834.

중국 연안 각지 및 조선, 류큐 등을 방문했던 세 차례 여행의 기록을 묶어 1834년에 출판한 단행본 서적의 속표지.

배법을 가르치기도 했다. 이때의 방문을 두고 한국 기독교계에서는 귀츨라프를 한국에 발을 디딘 첫 개신교 선교사로 꼽는다. 그가 상륙한 곳으로 알려진 충청남도 고대도에는 그를 기념하는 교회와 전시관이 건립되었다.

서적 배포의 이야기

귀츨라프의 세 차례 항해에 대한 기록에서 특별히 눈에 띄는 내용이 '서적 배포' 이야기다. 그는 첫 번째 여정의 기록에서 많은 부수의 그리스도교 서적을 가지고 갔다고 적고 있으며 서적의 배포와 관련해 다음과 같은 일화를 전한다.

> 이들에게 나는 생명의 말씀을 배포했다. 그러면서 나의 간절한 소망을, 즉 이 책들이 그들의 구원의 도구가 되어주기를 표명했다. 어느 늙은 사내는 자기 자신의 죽음이 멀지 않았기에, 학위를 가지고 있는 두 아들이 세상에 대한 권계의 글(그들은 우리의 그리스도교 서적을 이렇게 불렀다)을 읽는 것을 보길 원한다고 말했다.

첫 번째 여정의 기록에서는 이런 이야기가 한 차례 언급되는데, 이후 기록에서 반복되는 '서적 배포 서사'의 주된 요소를 확인할 수 있다. 이 서사는 기본적으로 증여와 수용 또는 시혜와 감화의 서사다. 증여되고 수용되는 가시적인 것은 귀츨라프가 준비해

간 선교책자이며, 근본적으로는 결국 구원(계몽)의 말씀이다. 귀츨라프의 증여와 수용의 서사는 일차적으로는 주는 주체와 받는 객체를 구성하지만 여기서 그치지 않는다. 이 서사의 수용자는 주는 대로 받는 수동적인 타자가 아니다. 중국인 수용자는 위에서 보이는 것처럼 무엇인가를 원하는, 욕망하는, 그럼으로써 스스로 주체가 되는 수용자다. 그리고 그 주체는 다름 아니라 '글'을 통해 스스로를 그리고 자신의 후손을 구원/계몽으로 이끌고자 하는 주체이다.

요구하는 중국인 주체

두 번째 기록에는 연안 각지에서 만난 중국인들에게 선교 서적을 배포하는 이야기가 대폭 늘어 24회 나오는데, 그중 8회는 적극적인 요청을 포함해 열렬한 반응을 적고 있다. 서적 배포의 상황 속에서 수용자는 종종 능동적인 '행위자'이기도 하다.

> 이곳에서 나는 영생의 말씀에 대한 사람들의 질문을 듣는 기쁨을 누렸다. 그중 한 명은 우리가 배포하는 책들이 좋은 책들인지 알기를 매우 열망했으며, 이에 대해 납득하자 매우 큰 희열을 드러냈다.

'알기를 열망'하고 '희열'하는 수용자-주체는 세 번째 항해의 기록에 오면 더욱 부각된다. 서적의 배포와 관련된 대목이 총 16회

보이는데, 세 번째 항해의 기록이 가장 적은 분량이라는 점을 감안하면 매우 높은 빈도의 출현이라고 하겠다. 2~3쪽에 한 번은 이런 이야기가 나오는 셈이다. 이 가운데 열렬한 반응과 요청을 증언하는 대목이 무려 14회에 이른다. 그리고 그 가운데에서 8회는 서적을 받으려고 하는 군중이 귀츨라프를 둘러싸며 압도하는 장면을 보여준다. 어떤 이들은 서적을 받는 것이 자신들의 당연한 권리인 양 적극적으로 요구한다. 그리고 받지 못했을 때에는 항의하며 더러는 울 지경이 되기까지 한다.

> 지적으로 보이는 한 사람에게 책 한 권을 건네자 그는 처음에는 이 이상한 선물에 놀라워하더니 이내 제 동족에게 돌아서서 큰 소리로 읽어주기 시작했다. 그에게 즉각 이목이 집중되었다. 다른 이들의 요청이 이어졌으며 우리 배는 몇 분 만에 떠들썩한 신청자들로 둘러싸였다. 우리 선장은 그들에게 물러나라고 손짓하면서 밧줄을 풀었다. 하지만 그들은 밧줄 감는 도르래에 매달리면서 "우리는 이 좋은 책들을 가져야 하겠어요. 받기 전에는 꼼짝도 하지 않을 겁니다."라고 했다. 그와 같은 결의는 목적한 바를 이루었다. 나는 무상으로 그들이 그토록 간절히 바라는 것을 건네주었고 그들은 크게 기뻐하며 돌아갔다.

> 승려들은 그리스도교 서적 몇 권을 손에 넣고자 오랫동안 갈망해 왔는데, 얻지 못하게 되자 실망에 차서 거의 울려고 했다.—나는 앞서 맞은편 해안에 내렸는데, 내 손에서 책

을 다 받아갈 때까지 졸라대길 멈추지 않는 군중에게 둘러 싸였다. 읽지 못하는 이가 거의 없었기 때문에 우리는 가장 작은 소책자 한 권일지라도 제대로 읽혀 제 몫을 할 것이라는 근거 있는 희망을 품어도 좋을 터이다. 우리들은 현지인들과의 우호적인 관계를 충분히 누렸다. 그들은 지성과 정성을 합해 자신의 우정을 표하거나 구체적인 질문을 할 기회를 놓치지 않았다. 선교 사역을 위해 이 얼마나 좋은 밭인지! 그들의 마음은 진리를 영접하는 데 열려 있으며 그들의 문은 진리를 전하러 온 이들을 맞이하기 위해 열려 있다.

선교를 위해 서적을 배포하는 장면에 대한 묘사는 같은 서사의 반복, 변주라고 할 만큼 유사한 패턴을 보인다. 정형화된 서적 배포 서사에서 중국인은 결코 수동적 객체가 아니라 주동적으로 요청하는 주체가 분명하며 서적을 전해주는 서양인 선교사가 오히려 거기에 '응'하는 쪽이 된다.

1836년, 싱가포르에서 '중국을 사랑하는 자(愛漢者)'라는 이름으로 귀츨라프가 간행한 선교책자 『전 인류가 따를 법도(全人矩矱)』.

방해꾼 관원

조선과 류큐에 관한 서술에서도 이와 같은 서적 배포 이야기가 등장한다. 다만 이 경우에는, 특히 조선의 경우, 열망하는 현지인보다는 방해꾼인 관원이 더 두드러지는바, 관심을 보이며 책을 받아 갔다가는 다시 돌려주겠다고 하는 장면이 그려지기도 한다.

> 그리고 한 사람은 책 한 권을 받았다가는 즉시 돌려주면서 "불가(pulga)" 하고 소리쳤는데, 우리는 "불이야" 또는 "태워 버려라!" 하는 말로 알아들었다. 직접적으로 서적을 배포할 수 있는 기회는 매우 적었다.

그렇지만 중국의 연안에서 서적을 배포했을 때 종종 그랬던 것처럼 관원의 눈길이 미치지 않는 데서는 기꺼이 책을 받으며 무엇인가를 대가로 주기도 한다.

> 선원들은 농포의 관찰의 눈길에 따른 억압에서 벗어나 있었기 때문에 우호적인 관심을 보였다. 우리가 선물한 책들에 대해 그대로 보답을 할 길이 없던 그들은 담뱃잎을 건넸는데, 우리가 기꺼이 받아들이자 매우 기뻐했다.

조선의 경우에도, 그리고 류큐의 경우에도 중국과 마찬가지로 하층민들 가운데서도 글을 읽을 수 있는 이들이 적지 않은 것으로 묘사되며, 현지인들은 관원의 감시나 억압이 없는 한, 구원의 말씀을 받아들이는 데에 기본적으로 열려 있거나 적극적인 모습으로 그려진다.

글을 매개로 스스로를 구원하려는 주체

귀츨라프의 서사는 적극적으로 요구하는, 즉 스스로를 구원/계몽으로 이끌고자 하는, 그리고 다른 것이 아닌 '글'을 매개로 그렇게 하고자 하는 중국인 주체를 구성하는데, 여행기의 곳곳에서 부각되듯 이러한 주체는 서양의 도래를 두려워하며 거절하는 보수적이고 무지하며 완고한 관원들과 대척적인 자리에 놓인다. 또한 종종 언급되는바, 책을 받고 무엇인가를 대가로 내주고자 하는 현지인의 태도는 정보와 지식의 전달이 흔히 상상되는 것처럼 오롯이 단방향적 현상이 아니며, 설령 비대칭적이라고 하더라도 엄연한 '교환'과 '협상'의 과정이라는 점을 시사한다.

귀츨라프의 여행기에서 반복되는 이와 같은 서사는 제법 낯익다. 몇 마디 말만 바꾸어 넣으면 근현대 중국의 개혁/혁명의 주체들이 자신의 선배들과 스스로를 주인공으로 삼아 그려낸 서사가 된다. 즉, 일방적 충격에 대해 수동적으로 반응하는 중국(인)이 아닌 세계와 적극적으로 교왕하고 스스로를 갱신하는 주체로서의 중국(인)을 그리는 서사와 닮아 있다. 귀츨라프는 흔히 중국 근대의 시작으로 간주되는 아편전쟁이 일어나기 7, 8년 전에 절묘하게도 그와 같은 서사, 그리고 그 주인공을 선취하고 있는 셈이다.

그런데, 정말 그렇게 책을 받으려고 달려들었을까

귀츨라프의 행적을 두고 봤을 때, 서적을 이용한 선교에 대한 지원을 염두에 두고 상당히 과장된 서술이 이루어졌을 가능성이 다분히 있다. 상응하는 중국 측 기록도 찾을 수 없다. 책을 받기 위해 몰려든 중국인들에 대한 귀츨라프의 진술이 상당 정도 사실에 가깝다고 하더라도, 도대체 왜 그렇게 선교책자를 받으려고 달려들었는지에 대해서도 논란이 있을 수밖에 없다. 당시 중국의 문맹률을 고려하면 귀츨라프가 들렀던 어촌에 글을 제대로 읽을 수 있는 이들이 몇 명이나 있었을까 따져 볼 일이다. 과연 새로운 지식이나 보편적 진리에 대한 열망이 그들을 이끈 것일까? 그들의 목표는 서적 자체가 아니라 귀한 물건이었던 '종이'에 있었을 수도 있다. 다만, 귀츨라프의 여행기를 문학작품처럼 읽었을 때, 서적 배포 서사는 이 특정 텍스트가 구성해낸 넓은 의미에서의 '현실'의 중요한 한 단면임이 분명하다.

아편, 그리스도교, 과학지식, 귀츨라프

중국이 곧 '열릴' 것에 대한 귀츨라프의 기대는 수년 후 아편전쟁을 통해 성취되었고 곧이어 역시 그의 기대 또는 '예견'에 값하는 두 개의 큰 사건이 중국에서 일어난다. 하나는 임칙서(林則徐)와 위원(魏源)에 의한 세계지리지 『해국도지(海國圖志)』의 편찬이고, 또 하나는 홍수전(洪秀全)이 주도한 태평군 기의의 발발이다. 귀츨

인도의 아편 저장소. 물량의 대부분은 중국을 향했다.

라프는 아편전쟁과 중국의 개방을 위시한 이 사건들을 '예견'했을 뿐 아니라 직간접적으로 연루되어 있기도 하다. 아편과 그리스도교와 과학지식이 모두 한 경로를 통해 중국에 유입되고 있었음은 참으로 아이러니다. 아편의 유입은 중국의 위기의 시발이자 근대의 단초였으며, 같은 경로를 통해 그리스도교/서양사상을 받아들인 이들이 동포의 구원/계몽에 적극적으로 나섰고, 그리스도교 시간관 및 구원관의 세속화된 이념 형태, 즉 마르크스주의를 신봉하게 된 많은 이들이 혁명의 전선에 나섰으니 말이다. (민정기)

청나라 말의 아편굴. 아편은 다량의 은을 유출시켰으며 수많은 사람을 중독에 따른 무기력에 빠뜨렸다.

한국으로 온 선교사들

사람의 이동은 문화의 교류와 변화를 만든다. 선교사는 아시아와 미국, 유럽의 문화를 연결하는 촉매제 역할을 했다. 선교사들은 그들을 먼 이국 땅에 보내준 정부의 이익을 위한 활동도 했지만, 파송된 곳에서 선교라는 이름으로 정치, 경제, 사회 전반의 변혁을 추동했다. 선교의 빛과 그림자를 논하기에 앞서 자신과 가족의 안위를 보장받을 수 없는 낯선 곳에서 삶을 선택했던 사람들의 여정을 좇아가 보려 한다.

Corea를 소개한 사람들

한국을 영어로 하면 Korea이다. 고려 인삼이 유명하게 되면서 작명되었다는 영어명은 Corea가 기원이다. 유럽에서는 오래 전부터 Corea를 동쪽 끝에 위치한 해 뜨는 미지의 왕국으로 생각했다. 기록을 통해 서양에 최초로 알려진 것은 1254년 몽골을 방문했던 프랑스 선교사 루브룩이 남긴 여행기였다. 그 이후 마르코폴로의 여행기를 통해 비교적 구체적인 내용이 전해졌다. 이탈리아 상인이었던 그는 1271년부터 1295년까지 아시아를 여행하고 그 긴 여정을 루스티첼로라는 사람에게 이야기했다. 이것을 받아 적은 책이 『동방견문록』이다.

유럽인들에게 이 책은 아시아에 대한 관심을 높여주었지만, Corea는 여전히 미지의 세계였다. Corea가 기록 속에 등장한 것은 1571년이다. 포르투갈의 조선 선교책임자 빌레라가 예수회의 보르하 총장에게 보낸 편지에서 "중국과 일본 사이에 있는 Corea라고 불리는 다른 왕국"이 있다는 구절이 확인된다. 이로부터 또 시간이 흘러 Corea가 지도에 그려졌다. 오랫동안 섬으로 표현되다가 유럽과 아시아의 무역이 활발해지면서 반도의 모습으로, 그려지고 완전한 Corea의 지형이 담겼다.

Corea를 구체적으로 세상에 알린 사람은 하멜이었다. 현재까지는 그렇다. 하멜은 네덜란드 동인도회사 직원으로 조선에 14년간 억류되어 있었다. 1658년 8월 제주도에 표착해서 1666년 조선을 떠나는 날까지 보고 겪었던 것을 기록했다. 『하멜표류기』가 세상에 발표되면서 유럽인들은 비로소 조선에 대해서 구체적으로 인

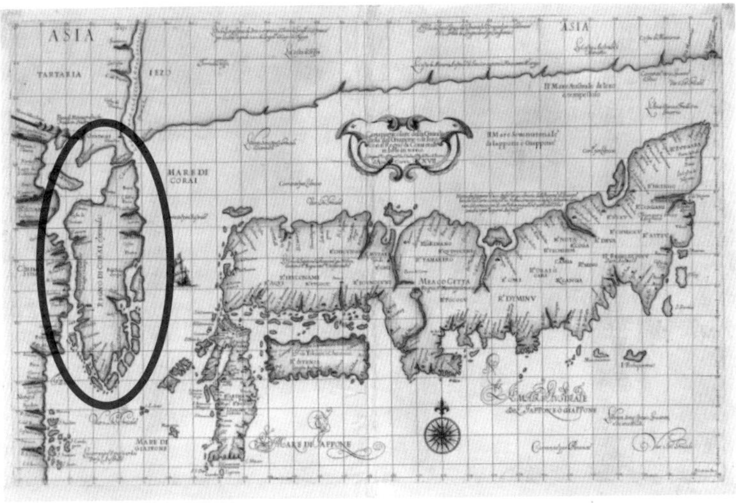

1649년 로버트 두들리가 이탈리아에서 발간한 아시아 지도(위)
1661년 역사지리학의 창시자 클리버가 제작한 지도(아래)
(출처: 동북아역사재단 동북아역사넷)

식하고 학습을 시작했다. 좋지 않은 기억으로 쓴 글이라 조선에 대한 부정적인 이미지들이 많다는 점이 아쉽지만, 기록이 정확하고 상세해서 당시 조선의 사회와 문화를 파악하는 데 귀중한 사료가 되고 있다.

하멜보다 먼저 조선에 상륙한 사람이 있었지만, 한국에 정착했기 때문에 조선을 유럽에 알리지는 못했다. 네덜란드인 얀 야너스 벨테브레이이다. 1627년 조선에 표류해서 돌아갈 길을 찾지 못해 박연이라는 이름으로 조선에 귀화하고 결혼 후 정주했다.

한국 최초 성경전래지

중국으로 항해하려던 많은 유럽의 함선들은 중국으로 가는 항로를 확보하자, 더 동쪽에 있던 조선에 대한 탐사를 시작했다. 현장을 조사하고 그린 지도 중 현재까지 가장 오래된 지도는 라페루즈의 해도(海圖)이다. 당대 저명한 과학자와 예술가들을 포함해서 250여 명과 2척의 배로 1785년 8월 출발해서 1787년 5월 제주도 남단에 도착했다. 부산을 거쳐 동해로 올라가 울릉도를 발견하고 더 북쪽까지 항해했다. 돌아가는 길에 남태평양 솔로몬 군도 부근에서 암초에 좌초되어 전원이 사망했다. 항해하는 동안 정기적으로 탐사한 내용과 작성한 지도를 프랑스로 보내고 있었기 때문에 라페루즈의 항해기록은 현재도 남아 있다.

이 시기 유럽에서는 본격적인 조선 탐사가 시작되었다. 가장 상징적인 장면은 유럽의 문화였던 성경이 조선에 전달된 것이다.

1816년 영국은 알세스트와 라라호를 출항시켜 중국에 사절단을 파견했다. 이때 함선을 지휘한 사람은 영국 해군이었던 맥스웰과 바실홀이었다. 중국에 도착한 함선은 영국 정부로부터 영국사절단이 텐진과 베이징을 방문하는 동안 조선과 일본을 탐사하고 해도를 작성하라는 지시를 받았다.

두 함선은 서해안 일대를 탐사하던 중, 9월 5일 비인현 마량진 해안가에 정박했다. 비인 현감 이승렬, 마량진 첨사 조대복이 그 사정을 알아보기 위해 승선하여 이들을 대면했다. 의사소통을 시도했지만 아무런 대화를 하지 못하는데, 이때 영국인들이 세 권의 책을 비인 현감과 마량진 첨사에게 건넸다. 그중 한 권이 성경이었다. 1816년 9월 4일자 『조선왕조실록』에는 당시 상황을 이렇게 기록하고 있다.

> 표류하여 도착한 이양선을 인력과 선박을 많이 사용하였으나 끌어들일 수 없었습니다. 그래서 14일 아침에 첨사와 현감이 이상한 모양의 작은 배가 떠 있는 곳으로 같이 가서, 먼저 한문으로 써서 물었더니 모른다고 머리를 젓기에, 다시 언문으로 써서 물었으나 또 모른다고 손을 저었습니다.
> (중략)
> 그러자 그들이 좌우와 상하 층각 사이의 무수한 서책 가운데에서 또 책 두 권을 끄집어내어, 한 권은 첨사에게 주고 한 권은 현감에게 주었습니다. 그래서 그 책을 펼쳐 보았지만 역시 전자도 아니고 언문도 아니어서 알 수 없었으므로 되돌려 주자 굳이 사양하고 받지 않기에 받아서 소매 안에

한국 최초 성경전래지 기념비석

『한국 서해안과 류큐 항해기』의 삽화

넣었습니다. (중략)

첨사와 현감이 배에 내릴 때 그 가운데 한 사람이 책 한 권을 가지고 군이 주었는데, 작은 배에서 받은 두 권과 합하면 세 권입니다.

위 내용은 영국으로 돌아간 바실홀이 1818년 출간한 『한국 서해안과 류큐 항해기(A Voyage of Discovery to the West Coast of Corea and the Great Loo-choo Island)』에도 전한다. 바실홀이 그들에게 성경을 권하자 주저하면서 거절했으나, 배를 떠나려 할 때 다시 권하니 감사한 표정으로 받아 갔다고 기록하고 있다. 이 책에는 조선의 모습을 담은 많은 삽화도 실려 있다. 이를 기념해서 충남 서천군에서 2016년 9월 5일 '한국최초 성경전래지 기념관'을 설립했다.

바실홀의 항해기는 『하멜표류기』와 함께 Corea를 서양에 알리는 계기가 되었다. 훗날 이 해도를 사용해서 귀츨라프가 조선을 찾아오게 된다. 귀츨라프는 한국에 가장 먼저 왔던 기독교 선교사로 알려져 있다. 중국 이름은 곽실렵으로 프로이센 출신이다. 네덜란드 선교회 소속으로 자바에 파송되기도 하고, 이후 옮긴 런던 선교회에서 중국에 파송되었다. 1832년 중국 시장 개척을 목적으로 항해하는 영국 동인도회사의 암허스트호에 승선해서 통역과 의료를 담당했다.

1832년 2월 26일 마카오를 출발한 암허스트호는 7월 17일 황해도 몽금포 부근에 정박했다. 다음 날 충청도 해역을 거쳐 보령 고대도에 정박해 성경과 함께 통상 청원서를 조선 정부에 전달하고 회신을 기다렸다. 그동안 주민들에게 한글 전도문을 나눠주고,

감자 종자를 심으며 재배법을 알려주었다. 8월 9일 조선 정부는 중국의 허락 없이 외국과 통상할 수 없다고 답신했다. 귀츨라프는 조선을 떠났고, 1834년 『중국 연안의 3번의 항해 일지(Journal of Three Voyages along the Coast of China)』라는 저술을 남겼다.

선교와 순교지의 현장

조선은 유교를 국가의 이념으로 했다. 다른 사상이나 종교는 모두 배척의 대상이었다. 불교에 대한 배척도 강했지만, 천주교 박해는 전혀 다른 상황이었다. 천주교의 평등사상은 계급사회였던 조선의 기반을 흔드는 것이었고, 제사 의식을 우상숭배로 거부하는 것은 성리학으로 운영되던 조선에서는 용납되지 않았다. 조선 정부의 천주교 박해는 1791년 신해박해를 시작으로 1801년 신유박해, 1939년 기해박해, 1846년 병오박해, 1866년 병인박해 등으로 이어졌다.

최초의 사건은 1791년 신해박해였다. 전라도 진산군의 선비 윤지충이 모친상을 당했는데, 유교식 제례가 아니라 천주교식으로 장례를 치렀던 것이 발단이었다. 문화의 충돌이자 체제의 거부였다. 윤지충이 사형에 처해지고 사건은 일단락되지만, 이것은 정치로 확대되었다. 조상제사 문제는 이후 100여 년간 천주교 박해의 명분이 되었다.

천주교는 17세기 초부터 중국을 통해 들어와 유교지식인들에 의해 전파되었다. 종교가 아니라 서양 학문으로 인식한 유교지식

절두산순교성지박물관(위)
절두산순교성지 광장(출처: 절두산순교성지 박물관)

인들은 서학이라고 부르며 독자적이고 자생적으로 활동했다. 서학이 종교로 자리매김한 것은 18세기 말이었다. 1784년 청나라 베이징에서 세례를 받고 돌아온 이승훈이 정약전과 정약용 형제 등에게 세례를 주면서 종교의 의례를 행했다.

전국 곳곳에 순교 현장이 남아 있다. 대표적인 한 곳을 소개하면 1866년 병인박해와 관련된 천주교인들이 순교한 마포 양화진의 절두산이다. 이곳은 조선시대 조세 곡물을 실은 수송선이 드나들던 조선 3대 나루터 중 한 곳이었다. 절두산의 원래 이름은 누에가 머리를 치켜들고 있는 모습을 닮았다 해서 잠두봉이었으나, 1866년 병인양요 때 1만여 명의 천주교인들이 이곳에서 처형당하면서 절두산이라 불리게 되었다.

한국 개신교의 첫 순교자는 제너럴셔먼호에 승선하여 조선을 방문했던 로버스 토마스였다. 1871년 신미양요라 불렀던 전투에서 배는 불탔고 토마스는 분노한 군중들에 의해 죽음을 맞았다. 시신은 수습할 수 없었다. 이처럼 개신교의 선교는 이양선과 함께 등장했다. 거대한 배를 끌고 통상을 요구하는 서양의 힘을 조선이 공포스럽게 받아들이며 거부하자 결국 무력 충돌에 이르게 되었다. 조선은 미국과는 신미양요, 프랑스와는 병인양요를 경험하며 서양 세력의 실체를 알게 되었다. 서양과 통상을 공식적으로 시작하면서 조선은 선교사들의 활동을 허용했다. 1876년 한일수호조약(강화도조약) 이후 외국과 통상이 급속히 이어지면서 개항장을 중심으로 각국의 선교사들이 거주하며 종교 활동을 펼쳤다.

마포 양화진선교사묘원의 탄생

서울시 마포구 양화진 절두산 인근에는 개신교 선교사들의 묘지인 양화진외국인선교사묘원이 있다. 양화진은 조선 시대 나루터를 수비했던 양화진영이 있었던 곳으로 1890년에 선교사 묘지로 조성되었다. 가장 먼저 안장된 사람은 헤론이다. 헤론은 한국 최초의 근대 의료기관이었던 제중원에서 활동하며 고종으로부터 종2품 벼슬도 받았다. 헤론의 사망이 임박하자 미국공사가 1882년에 조인된 조미통상조약을 들어 조선에 묘지를 요구했다.

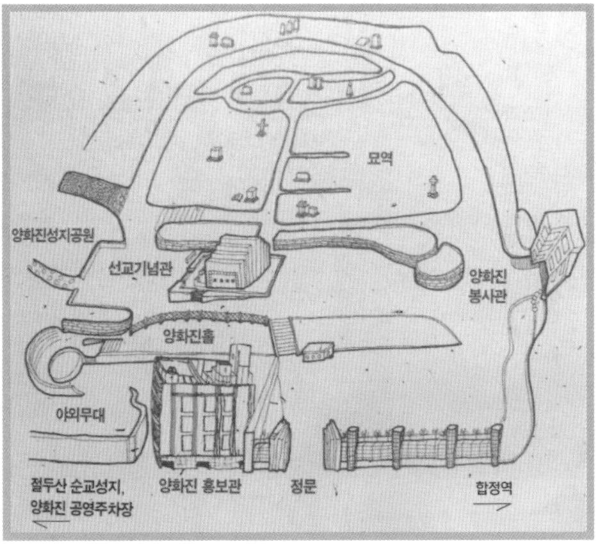

양화진외국인선교사묘원 배치도

양화진외국인선교사묘원 전경

외국인묘지는 당시 인천에만 조성되어 있었고 서울에는 매장지가 없었다. 인천 외국인묘지는 1883년 인천이 개항된 이후 조선에서 활동하다 사망한 선교사, 외교관, 의사, 통역관, 선원 등의 외국인들이 안장된 묘지였다. 영국, 러시아, 독일, 프랑스, 미국 5개 공사는 공동명의로 조선에 양화진외국인묘지의 구획 설정을 요청했다. 조선의 외무부였던 외아문은 조영수호통상조약 등에 의거해서 사유지였던 양화진을 매입하고 외국인묘역을 조성했다.

묘역에는 2021년 현재 남아공, 뉴질랜드, 덴마크, 독일, 러시아, 미국, 스웨덴, 영국, 이탈리아, 일본, 캐나다, 프랑스, 필리핀, 호주, 한국 등 15개국 출신 417명의 묘비가 있다. 이 중 선교사와 가족들은 145기가 안장되어 있다. 한국학의 선구자 게일, 한글성서 번역의 주역 레이놀즈, 백정 선교의 주역 무어, 배재학당 학당장 벙커, 정신여학교 설립자 애니 앨러스, 숭실학당 설립자 베어드, YMCA운동의 개척자 브로크, 카마쿠라 보육원을 운영하며 고아들을 돌본 소다 가이치, 이화학당을 설립한 스크랜턴, 배재학당과 정동제일교회를 설립한 아펜젤러, 고종의 외교밀사 헐버트 외 많은 선교사가 잠들어 있다.

근대 의료와 교육의 장을 열다

조선 정부와 고종은 근대의 변화를 인식하며 서양의 모든 것에 관심을 두었다. 전기, 전화, 전차, 기차 등의 근대 시설을 도입하고 제도를 수용했다. 의료와 교육시설도 설립하고 선교사들을 영입하여 운영을 맡겼다. 한국에 건너온 선교사들은 종교 전파와 함께 근대교육, 서양의학, 서양문물, 사상 등을 전파했다.

우리나라 최초의 근대적 사립학교는 1883년 주민들의 힘으로 함남 원산에 설립한 육영학교였다. 조선 정부에서 설립한 학교는 1886년 일부 계층의 자제를 대상으로 한 육영공원인데, 선교사 헐버트 등 4명의 교사를 초빙해서 영어를 중심으로 세계사와 지리, 수학 등을 가르쳤다. 이 시기 선교사들도 전국적 단위로 선교활동을 하며 지역에서 독자적인 학교를 건립하고 교육사업을 진행했다.

언더우드는 1886년 연세대학교의 전신인 경신학교를, 아펜젤러는 1885년 배재대학의 전신인 배재학당을, 메리 스크랜턴은 1886년 이화여대의 전신인 이화학당을 설립하고 운영했다. 평양에서는 윌리엄 베어드가 1897년 숭실대학의 전신인 사랑방학교를 개설했고, 부산에서는 벨레 멘지스가 1895년 부산진일신여학교를 설립했다. 군산에서는 전위렴과 그의 아내가 1900년 벨본딘여학교를, 공수에서는 윌리엄이 1906년 남학생을 위한 중흥학교를, 광주에서는 유진벨이 1908년 수피아여자중고등학교를 개설했다. 이외에도 각지의 선교사들이 설립한 학교는 조선인 교육의 큰 역할을 했다.

근대 의료를 도입하고 운영하는 것은 전적으로 선교사들이 나섰다. 조선 정부는 최초의 서양식 의료시설인 제중원(광혜원)을 1885년 설립했다. 알렌 선교사의 책임 아래 운영되다가 환자가 너무 늘어나자 스크랜턴을 초빙하고, 뒤이어 헤론과 함께 진료를 했다. 여의사 엘러스를 영입하여 별도로 부인부를 신설하고, 왕실 여인들의 진료도 시작했다. 1904년 미국인 실업가 세브란스가 서울에 병원을 설립하는데, 1899년 설립된 제중원학교가 세브란스 병원으로 개편되었다.

전쟁과 선교사들의 강제 귀국

선교사들은 선교를 사명으로 했지만, 자국의 국익을 위해서도 활동해야 했다. 이것이 충돌하는 상황에 직면한 선교사들은 갈등을 겪게 된다. 게다가 식민지 조선에서 지배 주체였던 일본 정부와 관계에서도 고비가 많았다.

러일전쟁 시기 미국 선교사들은 어떤 상황에 있었을까. 러일전쟁이라 하면 러시아와 일본의 전쟁인 것 같지만, 여러 국가들의 이해관계가 얽혀 있었다. 대표적으로 영국과 미국이다. 영국은 일본과 동맹을 체결했고, 미국도 일본과 서로의 영토확장을 인정하자는 협의를 한 뒤였다. 이러한 국제적 흐름을 간파하지 못한 조선은 미국의 선교사들, 특히 미국공사 알렌과 헐버트를 통해 미국에 도움을 요청하려고 했다. 알렌은 경인철도 부설, 전력회사 설립, 금광 채굴권과 철도 부설권을 미국이 확보하도록 하는 등 미국의 국익을 위해서도 노력했지만, 1905년 을사조약 체결 때 일본을 규탄하고 조선 입장을 옹호하다 중립 노선을 취하는 루즈벨트에게 파면되었다.

러시아 정교회 선교사들도 러일전쟁 시기에 고초를 겪기는 마찬가지였다. 선교사들은 러시아공사관에 피신한 고종이 1897년 대한제국 선포를 준비하던 무렵, 공식적으로 파송되었다. 1899년 2명의 러시아인 선교사와 1900년 2월 대수도사제가 서울에 도착한 이후 서울 정동에 러시아 정교회 성당을 세우고 활동을 시작했다. 그러나 곧 1904년 러일전쟁이 시작되자, 일본군은 러시아 선교사들을 추방했다. 러일전쟁 후 러시아 정교회의 선교 활동은 1906년 재개되었다.

식민지 조선에서 선교사들의 활동은 크게 위축되었다. 일본은 1910년 선교사들의 일부를 조선에서 추방하고, 통제하기 시작했다. 3.1운동 이후 거대한 저항에 부딪힌 일본은 악화된 여론을 잠재우기 위해 선교사들을 회유하는 정책으로 전환했다. 그러나 일본이 만주를 침략하고, 국제사회의 비판이 일어나자 일본은 국제연맹을 탈퇴한 직후부터 선교사들에 대해 다시 탄압정책으로 돌아섰다. 일제가 시행한 신사참배를 선교사들이 적극적으로 거부하며 곳곳에서 충돌이 일어나자 일본은 탄압을 더 강화했다.

1941년 아시아태평양전쟁을 전후해서 일본은 여러 혐의를 씌워 선교사들을 추방하거나 억류하기 시작했다. 미국 정부는 선교사들을 포함 미국인들 전원 철수를 진행했다. 그럼에도 철수하지 않고 남아 있던 선교사들은 일본의 볼모가 되었다. 이들은 일본과 미군의 포로 혹은 억류자 교환 시에 미국으로 송환되었다. 1942년 6월 부산항을 통하여 일본으로 이송되고, 요코하마에서 일본 측 송환선을 타고 여러 곳을 거쳐 8월 미국 뉴욕항에 도착했다.

일본의 적국은 미국만이 아니었다. 적국이었던 러시아의 정교회 선교사들도 추방당하거나 순교하는 사건들이 발생했다. 그러나 이보다 더 큰 위기는 1945년 해방 후 냉전체제였다. 한국전쟁을 거치면서 러시아(소련)와 한국은 적국이 되었고, 국교가 단절되면서 러시아 선교사들 활동은 중단되었다.

다시 찾은 선교사들

추방되었던 선교사들이 1945년 해방 이후 한국으로 돌아왔다. 남은 생을 한국에서 선교활동을 하며 살고자 하는 사람도 있었고, 부모님의 뒤를 이어 한국을 찾은 사람들도 있었다. 그리고 많은 사람들을 다시 한국으로 부른 것은 한국전쟁이었다. 전쟁의 폐허에서 한국은 도움의 손길이 필요했다.

언더우드와 아펜젤러 가문의 사람들도 귀국했다. 1885년 4월 언더우드와 아펜젤러는 교육자의 자격으로 조선에 건너왔다. 언더우드는 경신학교의 전신인 예수교학당을 세우고, YMCA를 조직했다. 1887년 신자들을 모아 예배를 드리기 시작했는데, 이곳은 현재 새문안교회가 되었다. 언더우드 1세는 1915년 연희전문학교를 설립하여 초대 교장을 맡았으며 그의 아들이 뒤를 이어 운영하던 중 1942년 5월 강제 출국되었다. 1945년 10월 그는 미육군성 통역으로 다시 한국으로 왔다. 1947년 연희대학교에 복귀했고, 1951년 양화진외국인묘원에 안장되었다.

아펜젤러는 배재대학의 전신인 배재학당을 세운 교육자였다. 1902년 어청도 근처 해역에서 타고 가던 배가 다른 배와 충돌해서

침몰하자 조선인 학생을 구하려다 익사했는데, 시신은 수습하지 못했다. 양화진외국인선교사묘원에 있는 아펜젤러의 묘는 가묘이다. 아펜젤러 기념관은 배재대학, 군산, 서천에 건립되어 있다.

아펜젤러의 딸 앨리스 아펜젤러도 이화학당의 교사로 활동하며 1925년 4월 이화학당이 전문학교와 보통학교로 분리되어 이화여자전문학교가 되었을 때 초대 교장을 맡았다. 일본의 압력으로 1940년 미국으로 돌아갔다가 1946년 12월 귀국해서 이화여자대학교 명예총장에 추대되었다. 1950년 양화진외국인선교사묘원에 묻혔다. 아펜젤러의 아들 헨리 아펜젤러도 배재학당 교장직을 맡았다가 1941년 미국으로 돌아갔다. 1948년 한국으로 건너와 한국전쟁 시기에 기독교세계구제회 한국책임자로 전쟁이재민 구호에 힘썼다. 1953년 미국 뉴욕에서 별세하였으나 그의 유언에 따라 양화진외국인선교사묘원에 안장되었다.

위더슨 선교사는 구세군사관으로 1927년 부산을 거쳐 서울에 도착했다. 본명은 매리 코울이며 스코틀랜드 출신이지만 부모님과 남아프리카 케이프타운에서 자랐다. 약혼 후 한국에 온 위더슨은 남편과 보육원을 운영하며 고아들을 돌보았다. 다시 한국에 온 것은 1953년 1월이었다. 남편은 구세군 사령관으로 본인은 고아원 원장으로 선교활동을 하다 1956년 5월 양화진에 잠들었다. 그녀의 묘비에는 "나는 고국으로 돌아가기를 원치 않는다. 한국에서도 하나님 나라로 갈 수 있다"라는 글귀가 새겨져 있다.

한국에 묻히기를 원했던 또 한 명의 선교사는 헐버트였다. 한국의 은인이라 불리며 "한국 사람보다 더 한국을 사랑한 외국인"으로 알려져 있다. 23세에 육영공원의 영어교사로 5년간 생활을 하고 귀국했다가 감리교 선교사로 다시 한국에 왔다. 1903년 창설된 YMCA의 초대회장을 맡기도 했다. 헐버트는 한국에 관한 글을 통해서 한국을 외국에 알리고, 특히 고종의 밀사로 외교적인 통로 역할을 했다. 1905년 러일전쟁시기 고종의 친서를 루즈벨트 미국 대통령에게 전달하라는 명을 받았고, 1907년 국제사회에 도움을 요청하기 위한 헤이그만국평화회의 파견을 기획했으며, 고종의 비자금을 독립운동 자금으로 활용할 수 있도록 관리하는 역할도 맡았다. 이 모든 것을 안 일본이 헐버트를 추방했지만 한국이 해방되자 87세의 노구를 이끌고 한국에 다시 왔다. 1949년 8월 "웨스트민스터 사원보다 한국에 묻히고 싶다"는 유언에 따라서 양화진에 안장되었다. 양화진에는 태어난 지 1년 만에 죽은 아들도 묻혀 있다. 1950년 한국 정부는 헐버트에게 대한민국 건국훈장 독립장을 추서했다.

한국에 온 선교사들은 많지만, 알려진 사람은 일부이다. 계속 기록을 찾고 정리하는 작업이 진행되고 있다. 한국 땅에 묻힌 선교사들에 대해서는 비교적 활발한 연구와 관심이 지속되고 있다. 지금에서 선교사들의 삶을 재조명하는 것은 굴곡진 한국사를 함께 했기 때문이다. (김윤미)

3장

더 넓은 세계를 향해 바다를 건너다

일본개국 이후 최초의 공식 방문단,
만연원년견미사절단

만연원년견미사절단이란

'만연원년(万延元年)'은 일본의 121대 천황인 고메이(孝明) 천황이 사용한 연호로서 막부말기 단 일 년만 사용했던 1860년을 가리키고, 이 시기 2월 9일부터 11월 10일까지 약 9개월간 미국에 파견된 사절단을 '만연원년견미사절단(万延元年遣米使節團, 이하 견미사절단이라고 칭함)'이라고 한다. 이 사절단은 미일수호통상조약 비준서 교환을 위해 정사 신미 마사오카(新見正興), 부사 무라가키 노리마사(村垣範正), 감찰 오구리 다다마사(小栗忠順)를 비롯한 77명으로 구성된 1854년 개국 후 최초의 공식 방문단이다. 미국에서의 비준서 교환은 초대주일총영사 해리스의 권유도 있었지만 일본 측이 워싱턴에서 교환하기를 희망했기 때문이었다. 당시 일본은 서양의 근대화에 큰 관심을 가지고 있었기 때문에 조선소, 박물관 등을 견학해 해외 사정과 서양문화를 조사하고 탐색해서 근대화가 될 수 있는 계기를 모색하고자 했었다. 이에 부국강병을 실현하기 위한 군함탐색에 큰 주안점을 두었고 또한 통화의 교환 비율에 대해서 미국과 교섭해 일본의 손해를 줄이고자 했다. 즉, 견미사절단 목적은 미일수호통상조약비준서 교환뿐만 아니라 미국 국정시찰에 의한 외국문화, 문명과의 본격적인 접촉의 기회를 제공해서 향후 일본의 근대화 및 외교에의 기여에 있었다.

견미사절단 주요 구성원 소개

사절단의 구성원은 정사 신미 마사오카, 부사 무라가키 노리마사, 감찰 오구리 다다마사 등 사절 3명과 관리 17명, 종자 51명, 요리사 6명 총 77명이었다. 신미 마사오카는 1859년 7월 8일 외국봉행, 동년 8월 28일 가나가와 봉행을 겸임했고 영지는 오미 가모군(近江蒲生郡)과 무사시 이루마군(武蔵入間郡)에 있었다. 귀국 후 1862년 6월 장군시중을 들면서 성안의 재무를 처리하는 신분으로 서위되고 1864년 9월에 면직되었다. 무라가키 노리마사는 1853년 세액관리에서 해안방어 사무를 담당했고 1856년 7월 하코다테 봉행으로 승진했다. 그 후 1858년 외국 봉행, 1859년 세액 봉행 및 가나가와 봉행을 각각 겸임했으나 그해 10월 미국행 전에 세액 봉행 겸임은 해임되었다. 귀국 후 항해일지(航海日誌)를 남겼고 하코다테항의 포대건설도 촉진했으며 1864년에 일선에서 물러났다. 오구리 다다마사는 에도 말기 감찰 봉행, 에도마치 봉행, 외국 봉행을 역임했다. 1843년 17세로 막부에 들어갔고 1853년 이국선에 대처하는 경비역이 되었는데 이 무렵부터 외국과의 적극적 통상을 주장하며 조선소를 설립한다는 발상을 가졌다. 귀국 후에는 1862년 감찰 봉행에 취임해, 이름을 오구리 분고모리(小栗豊後守)에서 우에노스케(上野介)로 변경했고 막부의 재정 재건을 지휘했다. 제철소에 대한 구체적 제안을 고안해 프랑스의 외교관 레옹 로슈(Léon Roches)에 의뢰해서 서양식 군대의 정비 및 요코스카 제철소의 건설을 실시했다.

마지막으로 『항미일록』의 저자 다마무시 사다유(玉虫左太夫)는 신미 마사오카의 종자로서 미국에 건너갔다. 센다이에서 태어나 제후의 자제들을 교육하는 학교 양현당에서 공부했고 1846년 에도로 가서 창평학 대학두 하야시 후쿠사이(頭林復斎)*의 문하에 들어갔다. 그리고 라이 산요(頼山陽), 사쿠마 쇼잔(佐久間象山) 등과의 교유를 통해 서양 사정에 깊은 관심을 가졌다. 1857년 하코다테 봉행을 역임했고 1860년에는 『입북기』의 상세한 기술이나 관찰안을 인정받아 견미사절의 기록계로서 도미했다.

---

* 에도시대 말기 유학자, 외교관

견미사절단의 이동경로

1860년 2월 9일 사절단 일행은 에도 쓰키지의 조련소에 집합했고 여기서 작은 배로 시나가와 앞바다까지 가서 미국 정부가 준비한 군함 포하탄호(Powhatan)에 승선해 시나가와를 출항했다. 이들은 태평양을 횡단해 하와이주에 들렀다가 3월 샌프란시스코에 도착했다. 가쓰 가이슈(勝海舟), 후쿠자와 유키치(福沢諭吉), 존 만지로(ジョン万次郎) 등이 승선한 간린마루(咸臨丸)는 당시 포하탄호의 호위로서 수반됐다. 샌프란시스코를 출항한 일행이 다음으로 향한 곳은 남미 파나마였다. 이곳에서 이들은 일본에서는 본 적도 없는 증기기관차를 처음 타고 대서양 쪽 콜론(아스핀월)까지 이동했다. 철로를 달리는 거대한 기차를 보고 사절단은 크게 놀랐으며 5월에는 다시 증기선을 타고 대서양을 거쳐 워싱턴에 도착했다. 사절단은 이곳에서 뷰캐넌 대통령을 접견하고 조약비준서를 교환했다. 워싱턴에서 3주간 시찰한 후, 볼티모어, 필라델피아를 경유해, 최종 방문지인 뉴욕에 무사히 도착한 것은 에도를 출발하고 약 4개월 후인 6월 16일이었다. 뉴욕 거리를 둘러본 사절단 일행은 6월 30일 나이아가라호에 승선해 귀국길에 올랐다. 8월 6일 아프리카의 루안다항에 도착해 약 10일 후 이곳을 출항했고 9월 30일에 바타비아(현재의 자카르타), 10월 22일 홍콩을 경유해 11월 10일에 에도 쓰키지 조련소에 상륙을 했다. 이것을 지도로 나타내면 다음과 같다.

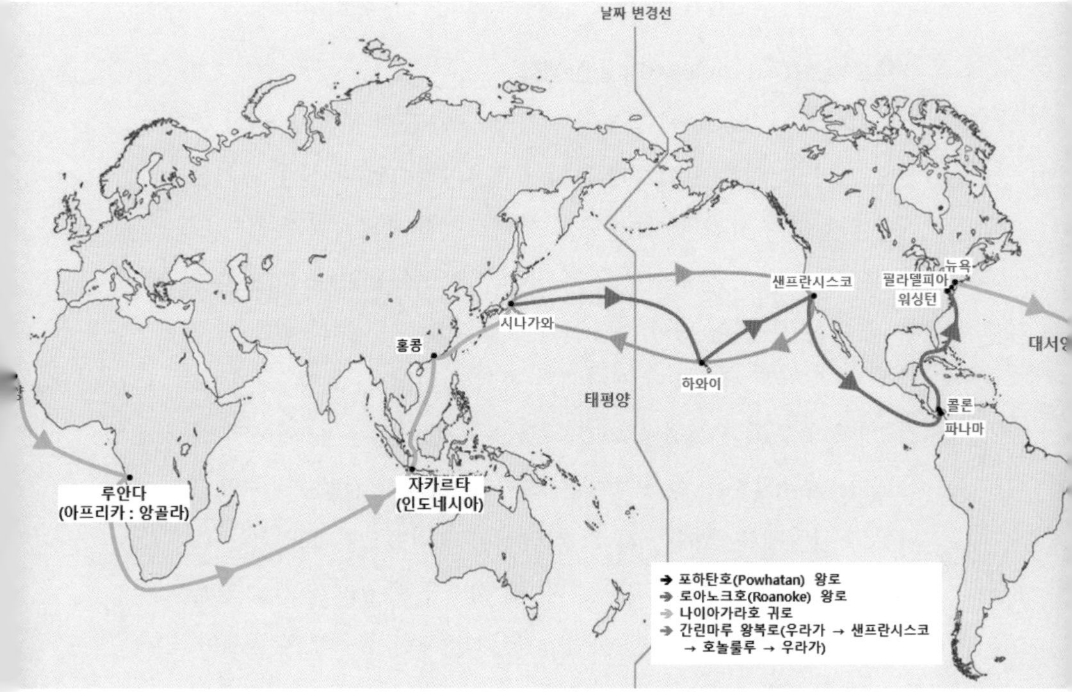
날짜 변경선
샌프란시스코
필라델피아
뉴욕
워싱턴
시나가와
홍콩
하와이
태평양
대서양
콜론
파나마
루안다
(아프리카 : 앙골라)
자카르타
(인도네시아)
포하탄호(Powhatan) 왕로
로아노크호(Roanoke) 왕로
나이아가라호 귀로
간린마루 왕복로(우라가 → 샌프란시스코
→ 호놀룰루 → 우라가)

견미사절단의 견문: 항미일록(航米日録)을 중심으로

이 장에서는 1860년 일본사절단이 태평양을 건너 하와이, 샌프란시스코, 워싱턴, 뉴욕 등의 도시를 방문해 견문한 것을 다마무시 사다유가 기록한 『항미일록』을 중심으로 살펴보고자 한다.

포하탄호(Powhatan)에서의 일상생활

포하탄호는 1850년에 건조된 미국 해군의 군함으로 389명이 승선했고 이 중 일본인은 77명, 미국인은 312명이었다. 선내 규칙은 매우 엄격하여 사관 및 기타 수병에 이르기까지 당직이 있었고 일요일에는 모두 옷을 갈아입고 목사님의 설교를 들었다. 또한 하루에 세 번은 사관 한 명이 하급선원 각자의 이름을 불러 컵에 맥주를 따라주었다. 사관들의 식사에는 항해 중이라 해도 양, 돼지, 오리, 병아리 등의 신선한 고기가 나왔고 이 동물들은 배 안에서 사육했다. 하급선원은 항해 중에는 절인 돼지고기, 건빵, 빈 수프가 나왔고 선박체류 중에는 큰 소를 잡아서 요리했으며 요리사는 대개 중국인이거나 혹은 흑인이었다. 배 청소는 아침마다 했고 일을 게을리하거나 소란을 피운 사람은 수갑을 채워 감옥에 감금했다. 음악은 날씨에 맞추어 하루에 한두 번 연주했고 의류는 바닷물에 세탁해서 바람, 이슬로 염분을 제거하기 위해 밤중이나 바람이 있을 때 말렸다. 미국인은 매우 정중했고 누구에게나 친절하게 잘 가르쳐 줬으며 조금도 자신을 숨기는 법이 없었다. 항해 중에는 폭풍을 맞아 다들 고통스러워했고 미국인들은 파도가 높아 배가 출렁거려 보행이 곤란할 경우 서로 손을 잡고 도와주었다. 다마무시가 방에 물이 침수되어 중간층으로 올라가면 이불을 깔아 줘서 잠을 재워주는 아주 정이 많은 사람들이었다. 2월 23일 저녁 6시경에 자오선(날짜변경선)을 통과했는데 이 선에서부터 일본과 미국의 시차가 생기게 되었다.

미국에서는 2월 셋째 월요일에 조지 워싱턴의 생일을 기념하는데, 폭풍우로 인해 포하탄호에서는 기념일 며칠 후인 2월 23일 정오에 축포 21발과 함께 축하를 했고, 이때 다마무시는 처음으로 맥주라는 것을 마셔보았는데 쓴맛이지만 입에 축이기에 족했다고 첫 소감을 나타낸 에피소드는 유명하다. 또한 미국인들은 자신이 피우던 담배를 주기도 했는데 이 담배는 씹는 담배로 연기를 피우지 않았다고 한다.

하와이 견문

포하탄호는 당초에는 샌프란시스코에 직행할 예정이었지만 폭풍우로 인해 많이 소비된 석탄을 보급할 목적으로 하와이에 상륙하게 되었다. 사절단이 3월 5일 정오 오아후(Oahu)에 상륙했을 때 해안에 남녀 수백 명이 구경 와서 그들의 옷차림을 보고 웃기도 하고 혹은 무시하기도 했다. 다마무시는 일본에서는 보지도 못한 신기한 물건들을 많이 접하게 된다. 그는 서점을 들르러 나갔다가 미국인에게 사진관을 소개받는다. 아마 언어가 소통되지 않아서 엉뚱한 곳으로 안내가 된 듯하다. 그는 처음 보는 사진관에서 동료와 함께 사진을 찍었는데, 본인들과 똑같은 얼굴을 그려내는 사진기술에 놀랐고 아주 신기해했다. 옆집에는 인쇄소 가게가 있었다. 이 인쇄도 역시 처음으로 보는 것이기에 유심히 살펴보았다. 윤전기 아래에 활판을 두었고 윤전기 회전에 따라 인쇄가 되었다. 종이가 윤전기 위로 가면 갈퀴처럼 생긴 쇠가 앞뒤로 움직여서 인쇄된 종이를 밀어내고 그것이 뒤집혀서 윤전기 뒤로 넘어져 종이는 자연스럽게 그 자리에 정렬되면서 겹쳐지는 현상이었다. 그 정밀함은 필설로 다 표현할 수 없다고 기술되어 있다. 다마무시는 또한 가스등 제조법을 보았다. 가스등은 당시 일본에서는 본 적도 없는 물건이었고, 밤에 다닐 때도 환하게 비춰줬기 때문에 손전등이 필요가 없었다. 사절단 귀국 후 미국의 과학기술이 일본에 전래되었고 1876년 김기수가 수신사로 일본에 갔을 때 이 가스등을 보고 상당히 놀랐던 만큼이나 일본사절단도 미국에서 놀랐을 것이다. 위와 같은 기구들을 사절단은 무려 우리나라보다 16년이나 앞서 미국에서 체험하였던 것이다.

샌프란시스코 견문

3월 29일 샌프란시스코에 도착한 사절 일행은 포하탄호의 연료 보급을 위해 먼저 메어섬 해군조선소에 도착했다. 이곳에서 폭풍우로 인한 고장을 수리하고 있었넌 간린마루(咸臨丸)를 다시 만나 서로의 무사함에 기뻐했고 사절 일행은 시청에서 환영회를 가진 후 메어섬 조선소와 샌프란시스코 시내를 견학했다. 저녁식사 때 다마무시는 본국에서는 먹어보지도 못했던 메뉴를 보고 재미있는 표현들을 하고 있다. 수프를 보고는, 흰색 큰 접시에 담겨 있었으며 맛있지만 냄새가 있었다, 라고 표현을 했고, 만두는 안에 팥소가 들어 있어 맛은 시큼하고 포도로 만들었다고 표현했으며 포크는 수저를 닮아 네 개가 찢어진 것처럼 생겼다고 표현했다. 그리고 더 신기했던 것은 인근 모자가게에서 불이 났는데 옆집에서는 조금도 흥분하지 않았다는 것이다. 남편은 책을 손에 들고 옥상에서 화재 상태를 바라보았고 아내는 아이를 안고 담소하는 광경을 보고 다마무시는 의아해했다. 그러나 이후 이것은 건물이 석조 천장과 벽돌 벽이었기 때문에 내부 목조만 타고 옆집으로 옮겨붙지 않기 때문이었다는 것을 알게 되었다

샌프란시스코는 여러 나라의 교역 장소이지만 금발 머리에 파란색 눈동자를 가진 사람들이 많았고 여성들은 귀천과 상관없이 허리에 후프 스커트를 입고 머리에 갖가지 장식을 달고 다녔다. 손님대접이 아주 정중했으며 진귀한 물건, 희귀품 등을 일본인들에게 스스럼없이 보여주었다. 프랑스 · 영국 · 네덜란드 등의 사람들이 이곳으로 이주하는 경우가 가장 많았고, 중국인도 1만 5천 명 정도 거주하고 있었다. 또한 전신기가 설치되어 급편이 필요한 사람은 돈을 내면 수백 리의 원격지에서도 순식간에 연락이 닿아 바로 업무를 볼 수 있어서 그 편리함은 말할 것도 없었다. 1860년 당시의 호텔시설이 현재 호텔에 못지않을 정도였다. 각 호실마다 설치된 초인종, 유리로 된 창문, 가스등 등의 선진 과학기술을 보고 일본에서는 한 번도 접하지 못했던 것에 신기함과 놀라움을 금치 못하였다고 다마무시는 기술하였다.

증기기관차를 처음 타본 남미 파나마

사절단은 일본에서는 본 적도 없는 증기기관차를 남미 파나마에서 처음 타고 지협을 횡단하여 대서양안 아스핀월(콜론)까지 이동했다. 차창 밖으로 보이는 풍경은 기차가 너무 빨라 하나도 확

인할 수 없었다. 증기기관차는 1853년 우라가 앞바다에 나타난 페리가 이끌었던 증기선을 보고 놀랐던 그 이상으로 사절단에게는 큰 충격이었고 '항미일록'에는 그 실체를 다음과 같이 상세히 설명하고 있다.

"증기기관차는 300마력으로 큰 바퀴 4륜은 전방, 작은 바퀴 4륜은 후방에 설치되어 있었고 증기기관을 그 위에 두고 있었다. 증기관은 뒤에서 불을 피웠고 전방에 굴뚝이 있었다. 증기관의 좌우에 기통을 설치했고 거기서 피스톤을 꺼내어 전후 바퀴에 접속시켜 증기를 관 속에서 좌우 기관으로 통과하도록 피스톤을 움직이면 큰 바퀴 4륜이 회전하고 작은 바퀴 4륜이 그에 따라 회전했다. 증기관에서 조금 뒤쪽으로 기관차의 진퇴 신호인 경종을 설치했고 또 조금 뒤에 다른 경종을 설치했는데 이는 선로의 높고 낮은 굴곡을 알리는 신호 역할을 하였다. 선로는 대개 단선이었지만, 파나마와 아스핀월에서는 5선으로 나누어져 있었고 차량이 조우할 위험성이 없도록 미리 차의 왕래를 알릴 수 있도록 해두었다." 사절단은 당시 미국의 근대 공업화된 모습에 말로써 표현이 안 될 정도로 압도적으로 놀랐었고 필자도 1860년에 벌써 현재에 사용되는 기관차들과 거의 다를 바가 없을 정도의 과학기술에 신기할 뿐이다.

뷰캐넌 대통령을 알현한 백악관 워싱턴에서의 견문

수도 워싱턴에서의 공식 행사는 대통령 알현과 대통령 주최 환

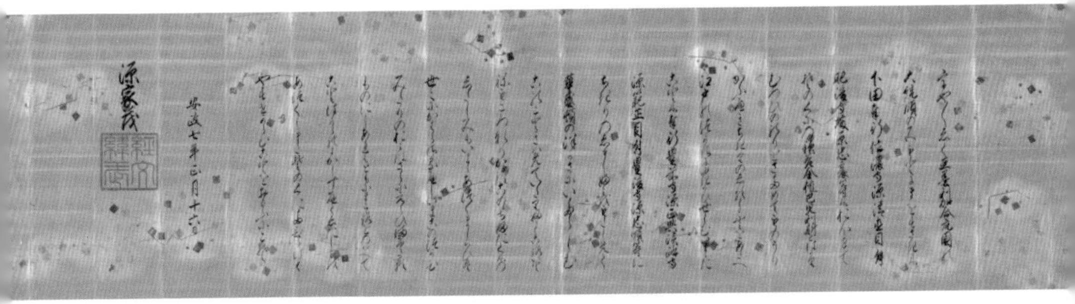
安政七年正月十六日
源家茂

도쿠가와 이에시게(徳川家茂)가 미국 뷰캐넌 대통령 앞으로 보낸 국서
(출처: :https://www.1860kenbei-shisetsu.org/wp/wp-content/uploads/2020/04/history_1.pdf)

사절을 맞이하는 뷰캐넌 대통령
(출처: https://ja.wikipedia.org/wiki)

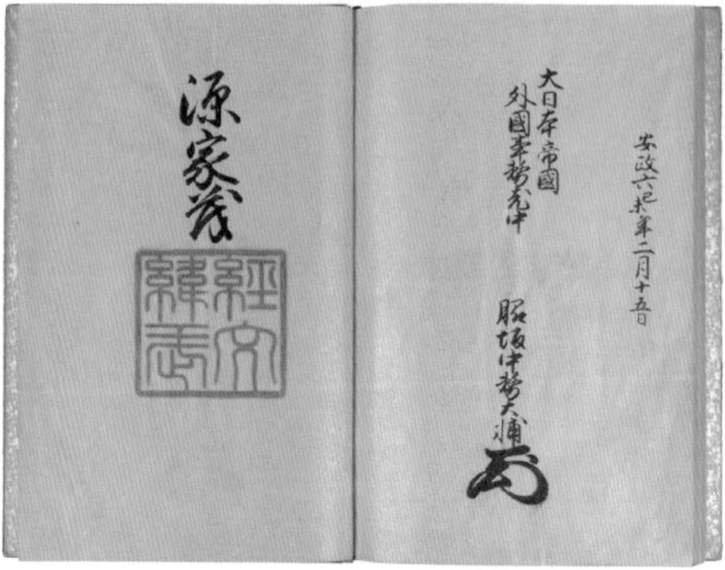

미국국립공문서관본관에 보관되어 있는 미일수호통상조약비준서(원본)와 수납함
(만연원년견미사절이 조약 비준서 교환을 위해 존 카스 국무장관에게 제출한 것)
(출처: https://www.1860kenbei-shisetsu.org/wp/wp-content/uploads/2020/04/history_4.pdf)

일본 사절의 백악관 환영회
(출처: https://ja.wikipedia.org/wiki)

영회 및 미일수호통상조약 비준서 교환 그리고 대통령 초청 만찬이었다.

5월 17일 대통령 알현 시 신미 정사와 오구리 감찰은 사냥 옷에 칼집 두른 칼의 복장이었고, 무라가키 부사는 사냥 옷에 족집게 칼집 두른 칼, 그 외 종사들은 마로 된 상하 복장이었다. 국서가 든 장지에 붉은 가죽 덮개를 걸친 것을 틀에 넣고 짊어지게 하여 군중이 늘어선 도로를 행진했다. 도로 폭 전체를 해병대가 지키며 나아갔고 도로에는 이 광경을 보기 위해 남녀가 붐볐으며, 어떤 사람은 도보로, 어떤 사람은 승마 혹은 승차로, 또는 건물 위에서 사진기로 광경을 찍으려 하고 있었다. 뷰캐넌 대통령에 대한 알현과 국서 봉정은 엄숙하고 무사히 이뤄졌다.

알현 다음 날 헌상품을 호텔에 진열한 후 목록을 제출했고, 다음 날 관저의 남쪽 정원에서 대통령 주최 대환영회가 개최되었다. 대통령은 거만하지 않았고 관계자들은 좌우에 줄지어 서서 남녀 차별의식이 없었다.

조약 비준서 교환은 5월 22일 백악관의 동쪽에 인접한 국무부에서 간단하게 행해졌다. 고관 두 사람과 서기 등이 나와서 어떤 아무런 예도 없이, 책상 위에서 조약을 교환하고 서로 재차 교환했다. 5월 25일에는 사절 간부를 초대한 대통령 주최 만찬회가 백악관에서 열렸다. 사절 일행이 그 직위에 따라 금 은 동 기념메달을 받은 것은 6월 5일 사절이 대통령과 결별하고 국무부에 답서를 수령한 날로, 금메달은 백악관에서, 은 동메달은 국무부에서 각각 전달됐다.

워싱턴 해군 공창의 사절단
부사 무라가키(왼쪽에서 세 번째), 정사 신미 마사오키(중앙), 그리고 오구리 다다마사(오른쪽에서 두 번째). (출처: https://ja.wikipedia.org/wiki)

랜턴 슬라이드 상영회(Frank Leslie's Illustrated Newspaper, 1860년 6월 6일(東善寺所蔵))
(출처: http://tozenzi.cside.com/sansen.html)

또한 이날에 사절단은 워싱턴 해군조선소를 견학했다. 이곳은 조선뿐 아니라 제철을 바탕으로 나사, 볼트에서 대포, 소총, 포탄까지 차례로 만드는 곳이었으며 오구리 다다마사는, 일본의 근대화는 이 조선소를 일본에 만드는 것에서 시작된다고 강조했다. 조선소 견학 후 다마무시는 국회의사당을 견학했다. 국회의사당은 워싱턴시 제일의 건물로 높이 34층이었으며 오른쪽 3층에 의사당이 있고 사면은 모두 계단으로 1층에서 3층까지 이어져 있었다. 여러 가지 일을 의논할 때에는 중앙의 낮은 곳에 관리와 서기관 등이 줄지어 앉았고, 그 일에 관계하는 자 전원이 각 층에 앉아 높은 곳에서 낮은 곳을 보게 하였다. 이 때문에 관리의 공사가 밝혀져 국민이 관리를 의심하지 않도록 하고 있었다. 윌러드 호텔에서 랜턴 슬라이드 상영회가 열렸는데 나이아가라 폭포와 세계 각지의 진귀한 풍경을 반주와 함께 보여줬다. 대통령도 수행원을 동반하지 않고 보통 사람과 같은 차림으로 와서 보고 갔으며, 주위에 있는 사람도 대통령을 특별한 사람으로 의식하지 않았다. 물론 절하는 사람도 없었다. 이런 모습에서 근대 서양문명을 접한 다마무시는 유교 사상이 짙은 도쿠가와 막부의 봉건체제에 답답함을 느꼈을 것이다.

사절단 일행은 6월 8일 워싱턴을 출발하여 볼티모어에서 1박을 하고 6월 10일 필라델피아에 도착해서 조폐국으로 갔다. 오구리는 여기서 1분은(一分銀)과 1분금(一分金)을 분석했고 양은(洋銀)을 1분은과 교환하는 것을 금지하고 일분금과 교환해야 한다고 주장했다.

기차를 건네는 증기선
(출처: http://tozenzi.cside.com/sansen.html)

뉴욕시장 회견
Frank Leslie's Illustrated Newspaper, 1860년 6월 30(東善寺所蔵)
(출처: http://tozenzi.cside.com/sansen.html)

뉴욕 견문

뉴욕으로 가는 도중 필라델피아 인근 사스케하나(Susquehanna) 강에서 기차를 통째로 싣고 건너는 배의 모습은 사절 일행이 본 미국 근대 공업 기술 가운데 최고의 것이라고 말할 수 있을 것이다. 6월 17일 사절단이 뉴욕에 도착하자 일본인을 보기 위해 남녀 구경꾼이 웅성거리고 있었다. 음악대, 기마대, 포대 등 이날 동원된 군대는 8천 명이었다. 다음 날 뉴욕 시청의 우드 시장을 방문했다. 봉행들은 군악대 소속의 호위를 받으며 청사로 들어가서 뉴욕 시장과 회견하였다.

다마무시는 시가를 산책하는 중 엄마와 아이를 보게 되는데, 엄마가 아이를 등에 업지 않고 작은 수레에 실어 끌고, 아이는 거기서 놀기도 하고 자기도 하는 모습이 느긋해 보였다고 기술하고 있다. 현재 유모차와 똑같은 것이 1860년에 미국에서는 벌써 사용되고 있었다는 것이다. 다마무시를 초대하는 사람이 있어서 가보니 그곳은 철물 세공 공장이었다. 철물로 화덕을 짓고 그 안으로 가스를 관으로 들여보내면 화덕은 금세 열화처럼 달아올라 장작불의 화력보다 월등히 뛰어났다. 미국인들은 그 위에 솥과 냄비를 올려놓고 편하게 밥을 짓고 있었다. 사절단은 일본에서는 본 적이 없는 이런 기기를 보는 것이 즐거웠다. 뉴욕은 만국의 문물이 모이는 교역의 땅으로, 인정이 희박하다고 하나 사절단에게 특별히 무례하지는 않았다. 화려하고 사치스럽기는 미국 어디에서나 마찬가지지만 이 도시가 으뜸이었고, 가구의 문양, 의복의 화려함 등 무엇 하나 눈길을 끌지 않는 것이 없었다. 부유한 여성들은 머리 장식에서부터 반지 소품까지 모두 진짜 금은 보석을 사용해서 한 사람 장식에 대략 1000달러 이상을 쓴다고 했다. 직장인들은 게으름을 피우지 않고 휴일이 아닌 한 특별히 노는 일이 없었다. 장사는 대개 앉아서 했고 행상은 적었으며 모두 차에 싣고 다녔지 메고 있는 사람은 없었다. 그 밖에 오락장 · 곡예구경장 등이 있었고 청루는 여러 도시에 있었으나 뉴욕에 150호 정도로 그 수가 가장 많다고 했다. 호텔 앞은 이 도시 제일의 번화가로 시가에는 승합버스가 있어 한 사람 6센트의 가격으로 여러 사람이 합승해 이 넓은 길을 왕래하고 있었다. 이 당시 일본은 길가마가 교통수단이었으나 미국은 승합버스를 이용하고 있었으니 얼마나 과학기술이 차이가 나는지 실감할 수 있다.

이상과 같이 뉴욕 거리를 둘러본 사절단 일행은 6월 30일 나이아가라호에 승선해 귀국길에 올랐다. 8월 6일 아프리카의 루안다항에 도착했고 9월 30일에 바타비아, 10월 22일 홍콩을 경유해 11월 10일에 에도 쓰키지 조련소에 상륙했다.

견미사절단의 의의

이 장에서는 견미사절단의 의의를 크게 4가지로 분류해서 설명하고자 한다. 먼저 해외정세에 대한 견문 확장이다. 서양의 근대화에 관심이 고조되었던 만큼 사절단은 해외사정과 과학지식을 조사하고 탐색하는 데 주력했다. 이들은 나무와 종이의 나라 일본과는 달리 변두리 강에 놓인 철교나 호텔 울타리 등 주위의 많은 철제품을 보고 깜짝 놀랐으며, 일본을 철의 나라로 개혁하고 싶다고 느꼈다. 또한 워싱턴 해군조선소를 견학한 후 하루빨리 일본에 조선소를 설립해 근대화에 힘써야 되겠다고 생각했다. 특히 필라델피아 인근 사스케하나강에서 기차를 통째로 싣고 건너가는 배를 보고 사절단은 미국의 과학기술에 감탄했다. 당시 파견된 사절단이 미국의 정치, 사회, 자연의 모든 사상에 대한 견문 확장과 아울러, 귀국 후 견문록을 바탕으로 조선소 설립이나 증기선 건조 등과 같은 과학기술을 상용화시켜 일본의 근대화에 힘썼다는 것을 알 수 있다.

둘째는 화폐제도에 대한 기여다. 일본의 화폐제도에서 기인하는 손해를 막는 방법을 찾다가 오구리는 미국에 가서 1분은(一分銀)이 계수화폐(計数貨幣)이며 국제결제에는 부적절하다는 것을 제안했다. 그리고 1분은과 1분금(一分金)을 필라델피아 조폐국에서 분석했고 1분은 35.6센트에 비해 1분금이 89센트에 해당한다는 것을 확인했다. 이 결과를 토대로 양은(洋銀)과 일분은 교환을 금지하고 일분금과 교환할 것을 주장했다. 미국 측은 오구리 주장의 정당성은 이해했지만 합의에 이르지는 못했다. 필라델피아 조폐국 방문자들은 직접 주판을 들고 분석공의 작업과정을 시찰했으며, 부분검사에 만족하지 않고, 일본 화폐 및 미국 화폐 전체 분석의 난제까지 제기했다. 필라델피아 체류 중 이루어진 재분석은 해리스가 제시한 수치와 이번 분석결과를 비교 검증하기 위한 것이었고, 이로써 데이터의 정확성과 사절 출발 당시 통용화폐의 품위를 확인하게 되었다.

셋째는 근대적 국방조직 체계 도입이다. 사절단은 샌프란시스코 메어섬에 있는 해군 조선소를 비롯해서 미국에서 귀국 직전 뉴욕에 머무는 동안 조선소 견학에 대한 의사를 표명했다. 모리타 기요유키(森田清行)는, 가장 급선무는 해군양성이고 네비야드(Navy Yard)에 체류한 계절은 자연기계 공학적인 이용을 눈여겨봐 큰 도움이 될 것이라고 밝혔다. 1860년에 이미 해군 양성과 조선소 설립이 외교상의 주목적으로 대두되었다. 특히 5월 25일 워싱턴 해군조선소 견학 후 오구리는 근대적 국방조직을 만들기 위해서는 조선소를 일본에 설립해야 한다고 주장했다. 그는 1860년 12월 외국봉행을 시작으로 감찰봉행, 보병봉행, 육군봉행, 해군봉행을 역임하면서 체미 중 실지로 봤던 해군조선소의 설비를 프랑스 정부의 원조하에 요코스카에서 실현한 것이다.

마지막으로 과학지식의 도입 및 학문의 발달이다. 사절단은 견학 중 증기선은 물론이고, 파나마 지협에서 경험한 증기기관차, 가스등, 의료시설, 기타 과학 설비, 군사시설, 소비자 생산에 있어서의 근대공업화 상태를 통감함으로써 과학적인 지식 등을 볼 수 있었다. 이들은 기계화된 대규모 공장에서 상품을 대량 생산하는 서구의 공업화에 압도되었고 또한 호텔 서비스업 등에서도 증기동력 사용으로 노동량을 줄이고 있는 것에 깊은 인상을 받았다. 그리고 사절단이 미국 간행서를 다량 가져온 것도 견문을 개인적인 경험에 머무르지 않고 대자적인 인식으로 높이려는 의도의 표현이었다. 막부는 미국 정부나 기타로부터 받은 서적, 또는 미국 체류 중에 구입한 미국 간행 서적을 활용해서 과학 지식의 도입 및 학문의 발달에 이바지했다. (공미희)

미술의 시대색을 찾아:
동경미술학교의 조선인 유학생들

근대 서양화의 도입과 동경미술학교

한국에 본격적으로 서양화가 도입되고 발전한 것은 일제강점기 일본 미술학교로 유학을 다녀온 이들에 의해서라고 할 수 있다. 일본의 미술학교 가운데 동경미술학교(현 동경예술대학)는 관립으로서 가장 권위 있는 학교였으며, 동아시아에서 서양화 교육을 체계적으로 시행했던 유일한 미술학교였다. 그래서 전문적인 서양화 교육을 받기 위해 한국뿐만 아니라 중국이나 대만 학생들도 이곳으로 유학하는 경우가 많았다. 이른바 한국의 '서양화가' 1호로 통칭되는 고희동과 김관호, 김찬영 등이 1910년대에 이 학교를 졸업하고 귀국 후 학교나 미술연구소 등에서 서양화 확산에 노력했다. 한국의 서양미술 도입기에 활동한 화가는 거의 모두 일본유학을 선택했으며, 대부분 관립 동경미술학교 출신이라는 공통점을 가지게 되었다. 동경미술학교는 1887년 개교한 이래 일본적 아카데미즘의 중심으로, 일본 근대미술사의 흐름 속에서 큰 존재였다.* 이러한 일본적 아카데미즘의 본산에 식민지 조선인이 유학했고, 귀국 후 다양한 활동을 통해 한국 근대 서양화단의 흐름을 주도했다.

동경미술학교의 설립 목적은 회화, 조각, 도안, 건축 전문가를 배출하고 미술교사를 양성하기 위함이었다. 초기에는 회화, 조각, 공예, 건축의 4개 학과가 설치되었고, 수업연한은 5년이었다. 그러나 설립초기 회화과는 일본화, 조각과는 목조, 도안과는 전통공예만 가르침으로써 국수주의적인 색채를 강하게 띠었다. 1896년에 이르러서야 유럽 유학파들의 주장으로 회화과에 서양화과를 추가함으로써 동경미술학교는 일대 전환기를 맞이했다.**

동경미술학교 최초의 조선인 유학생은 1908년 일본화과에 입학한 박진영이며, 서양화과에는 1909년 고희동이 최초로 입학한 이래 1911년 김관호, 1912년 김찬영 등이 차례로 유학했다. 1945년 해방 전까지 동경미술학교의 조선인 유학생은 총 78명이었으며 이 가운데 63명이 졸업했다. 학과별로 보면, 공예과 1명, 도안사범

---

* 윤범모, 「1910년대의 서양회화 수용과 작가의식」, 『미술사학연구』, 1994. 9, 113쪽.

** 김용철, 「동경미술학교의 입학제도와 조선인 유학생」, 『동악미술사학』 6, 2005, 52~53쪽.

1900년대 동경미술학교(출처: 동경예술대학 홈페이지)

과 4명, 도안과 3명, 조각과 11명, 일본학과 2명, 서양화과 57명(졸업 46명)으로, 대부분이 서양화과 소속이었다.*

유학의 길로 나선 조선인들

일본으로의 유학은 1905년 을사늑약을 기점으로 하여 그 전에는 관비유학생이었으나, 그 이후에는 다양했다. 관비유학생은 물론이고 애국계몽운동 차원에서 실력양성을 목표로 각 종교단체 또는 학교에서 파견하거나 사비로 유학을 가는 학생들이 등장했다. 특히 사비유학생이 지속적으로 증가하여 1907년 무렵에는 600~700여 명에 이르렀다. 이에 일본정부와 통감부는 새롭게 규정을 만들어 조선인이 일본으로 유학 가는 것을 어렵게 만들었다. 특히 1910년 강제병합 이후에는 일본 유학에 관한 규정을 더욱 강화시켜 조선인의 해외 유학을 최대한 막았는데, 이때 관비유학생은 물론 사비유학생들에게도 엄격한 규정이 적용되었다. 예컨대 사비 유학생이라고 해도 조선총독부의 지방장관, 조선총독 및 일본 내의 유학생 감독, 이외 면장이 증명한 보증인의 보증서까지 요구받았다.** 그러나 1919년 3 · 1운동 이후 시작된 문화통치 아래서

---

* 홍성미, 「동경미술학교 조선인 유학생 연구-1909년~1945년 서양화과 졸업생을 중심으로」, 명지대 미술사학과 박사논문, 2014, 65~66쪽.

** 김성학, 「일제시대 해외 유학생 집단의 교육연구 활동과 서구교육학 도입」, 『교육학연구』 34, 한국교육학회, 1996, 3쪽.

일제는 유학생에 관한 통제를 완화시켰고, 특히 사비유학 자유화를 단행했다. 그리고 일부 사비유학생에게 관비를 지급하여 장기적인 안목에서 친일세력으로 육성하려고 했다. 이로써 일본의 조선인 유학생은 1910년대에 약 500~700명이었다가 1920년대에 급증하기 시작해 1930년대 중반까지 3~5천 명 선을 유지했다. 그 후 다시 급증하여 1942년경이 되면 약 3만 명에 육박했다.* 동경미술학교에도 사비유학이 자유로워진 1920년대 이후부터 조선인 유학생이 급증했다.

한국 '서양화가의 효시'

"이 두 처녀의 그림은 이전에 우리가 많이 보던 동양의 그림과 다른 서양의 그림이다. 동양의 그림과 경위가 다른 점이 많고 그리는 방법도 같지 아니하며, 또한 그림 그리는 바탕과 쓰는 채색에 이르기까지 모두 다른 그림인데 지금 서양화는 동양화보다 세상에 널리 행하더라. …… 일본에는 수십 년 전부터 이 그림이 크게 유행하여 지금은 명화(名畫)라는 대가(大家)도 적지 않은데 불행히 문화를 자랑하는 우리 반도에서는 한 사람도 이에 뜻을 두는 이가 없었더니, 경성 수송동에 거하는 춘곡 고희동씨가 다년 그림에 뜻을 두어

* 김성학, 「일제시대 해외 유학생 집단의 교육연구 활동과 서구교육학 도입」, 『교육학연구』 34, 한국교육학회, 1996, 1쪽.

『매일신보』 1915년 3월 11일자 기사에 동경미술학교를 졸업하고 귀국한 '서양화가의 효시' 고희동의 기사와 함께 졸업 작품 〈자매〉가 함께 게재되었다.

익히기 게으르지 아니하여 아는 이에게 대단히 촉망 받더니 수년전 구한국 궁내부 예식관의 명예직에 있으면서…… 동경에 건너가 일본의 미술계에 최고 학원인 상야미술학교(동경미술학교)에서 형설의 공을 쌓아 금년 3월에 졸업이라. 여기 소개하는 그림은 그의 졸업시험에 응코자 하는 작품이더라."

위 내용은 1915년 3월, 동경미술학교를 졸업하고 귀국한 고희동에 관한 기사이다. 그의 졸업 작품인 〈자매〉의 사진과 함께 간단한 이력이 '서양화가의 효시'라는 제목과 함께 대서특필 되었다. 1909년 동경미술학교 서양화과에 입학한 고희동(1886~1965)은 평생을 '제1호 서양화가'라는 표제를 달고 살았던 인물이었다. 이러한 '표제'로 인해 그의 삶이 과대평가되거나 또는 미술사적 관점에서 부정적 요소가 발생된다 하더라도 한국 서양화 도입기에 그가 끼친 영향은 적지 않다. 고희동은 원래 조선왕조 최후의 전업화가라 할 수 있는 조석진과 안중식 문하에서 전통 수묵화를 배웠다. 원래 한학을 배웠지만 전통사회에서 근대사회로 이행해가던 시대의 흐름에 편승하여 13세 때 관립한성법어학교에 입학하여 4년간 프랑스어를 공부했다. 이 시절 프랑스인 교사를 통해 처음으로 서양유화의 존재를 접했다고 한다. 학교를 졸업한 후 대한제국 궁내부 장례원 예식관으로 관리생활을 하던 중, 24세 때인 1909년 2월 일본유학을 단행했다. 하급관리였던 그가 일본 유학을 갈 수 있었던 것은 당시 궁내부차관 고미야 미호마쓰(小宮三保松)의 도움이 있었기 때문이었다. 궁내부는 고희동에게 '미술연구를 하기 위하여 일본국 동경에 출장을 명함'이라는 사령장을 내어주었다. 유학이 자유롭지 못하던 시절이었지만 고희동은 출장의 형식으로 동경으로 향해 갈 수 있었다. 그는 동경미술학교에서 일본 서양미술의 선구자로 일컫는 구로다 세이키(黒田清輝)에게서 서양화를 배웠다. 그리고 1915년 5년간의 유학생활을 마치고 귀국하자마자 국내 최초의 서양화가로 이름을 떨쳤다.

그는 휘문학교, 보성학교, 중동학교 등에서 미술교사로 재직하며 서양화를 가르쳤는데, 이때 제자였던 장발, 김창섭 등이 동경미술학교에서 유학하며 한국 서양화의 명맥을 이었다. 한국 서화미술계의 첫 근대적인 단체인 '서화협회'를 결성하는 데 주도적인 역할을 하기도 했다. 서화협회는 정기적으로 '서화협회전(展)'을 개최하고, 최초의 미술잡지 『서화협회보』를 발간하여 신미술 운동을 추진했다.

1920년대 중반부터는 서양화를 그만두고 동양화에 매진하게 되지만 활발한 작품 활동은 하지 않았다. 해방 이후 다시 본격적인 활동을 시작한 그는 작품 활동보다는 대한미술협회, 전국문화단체총연합회 등 단체 활동에 집중했으며 1960년에는 민주당의 공천으로 참의원의원을 지내기도 했다. 작품 활동 기간이 그리 길지 않았기에 많은 작품을 남기지 못했고, 자신만의 독특한 화풍을 만들어 내지도 못하여 지나치게 높이 평가되고 있다는 부정적 견해가 존재한다. 그러나 한국 최초의 서양화가로서 근대 미술의 새로운 경지를 개척한 선구적 인물임에는 이견이 없을 것이다.

고희동 자화상(1915)
캔버스에 유채 61×46cm 국립현대미술관 소장,
등록문화재 제487호

식민지적 현실과 미술의 시대적 역할 사이에서

평양의 부호 집안에서 태어난 김관호(1890~1959)는 경성에서 중학교를 졸업하고 1909년 일본으로 건너가 2년간 '메이지학원'에서 공부했다. 일본으로 건너간 지 3년째 되던 해인 1911년에 미술학교에 입학하여 1916년 졸업했다. '8척이나 되는 큰 몸에 귀공자 같은 호남' 김관호는 원래 공업을 배우기 위해 동경으로 갔지만 숙부가 승낙을 하지 않았고, 미술은 허락했기 때문에 미술학교에 들어갔다고 한다. 한국 서양화 역사에서 첫 누드화이자 그의 대표작인 〈해질녘〉(1916)은 그해 졸업 작품 가운데 최우수상을 수상했는데, 당시의 『매일신보』에서는 '월계관의 영예 얻은 김관호군, 미술학교를 최고점으로 졸업'이라고 보도했다. 그런데 작품 사진을 함께 게재하지 않고 단지 '벌거벗은 부인 둘이 뒤로 향한 모양'이라고 그림을 설명했으며 후속 보도에서도 '여인이 벌거벗은 그림인 고로 게재치 못함'이라고 썼다. 아무리 일본 미술학교에서 일본인들을 제치고 1등을 한 작품이라고 하더라도 아직 보수적인 유교적 분위기가 농후한 사회에서 누드화를 받아들이기는 쉽지 않았을 것이다.

동경미술학교를 졸업한 1916년은 그의 화가 인생에서 가장 화려한 시기였다. 〈해질녘〉이 일본문부과학성전람회(문전)에 특선으로 뽑혔으며, 창덕궁 비원 연못을 큰 화폭에 담아 이왕직에 납품하는 영광을 입었고, 또 이준 공(公)의 초상화를 그려 상찬을 받았다. 그리고 그해 12월에는 그간의 작품을 모아 고향 평양에서 개인전까지 개최했다. 평양 재향군인회 연무장에서 개최된 이 개인

김관호 자화상(1916) 캔버스에 유채 60.5×40cm 일본 동경예술대학 소장
해질녘(1916) 캔버스에 유채 127.5×127.5cm 일본 동경예술대학 소장

전은 한국 근대미술 사상 최초의 개인전으로, 평양 일대의 풍경을 다룬 작품 약 50여 점이 출품된 것으로 보인다. 다음 해에는 동경미술학교 교장 마사키 나오히코(正木直彦)로부터 대동강의 여름풍경 유화를 주문받아 제작하기도 했다.* 1923년 제2회 조선미술전람회에는 또 하나의 누드화 〈호수〉를 출품해 입선했다.

그러나 1920년대 중반 김관호는 절필했다. 절필의 1차적 원인으로 작가 자신의 확고하지 못한 작가의식을 들고 있는데, 〈해질녘〉과 같은 수작을 남겼지만, 이 작품과 당시 조선의 식민지 현실의 이질성을 작가는 간파하지 못했다. 김관호의 작품세계에서 민족의식이나 저항정신은 확인할 수 없다. 오히려 식민지 체제에 순응하여 자신의 재능을 십분 발휘하려고 했던 청년이라고 할 수 있다. 그러나 일본으로 건너가기 전 10대 말기의 김관호는 강렬한 저항정신, 항일정신의 소유자였다고 한다. 식민지적 시대상황과 이에 따른 미술의 시대적 역할에 사이에서 방황하던 그는 끝내 절필로 시대의식을 보여준 것이 아닐까. 1927년 화단을 떠난 그는 1954년에 이르러서야 북한의 미술창작 단체인 조선미술가동맹에 들어가면서 활동을 재개하여 몇몇 작품을 남겼다.

* 『매일신보』 1916. 8. 17. 이준공의 초상, 김관호씨의 영광 ; 『매일신보』 1916. 10. 20. 김관호군의 요사이 그린 그림 ; 『매일신보』 1917. 6. 19. 대동강의 대유회(大油會).

미술은 인생과 자연의 반영

김찬영은 고희동, 김관호에 이어 동경미술학교에서 서양화를 전공한 한국 서양화가 1세대이다. 그는 평양의 전설적인 부호 집안에서 태어났다. 15세 때 사숭학교를 졸업하고 다음 해 일본으로 건너가 메이지학원에 들어갔다. 메이지학원에는 한 해 앞서 김관호가 다니고 있었고, 한국 근대문학의 확립에 이바지한 김동인이 나중에 입학했다. 이들은 모두 평양 출신이었으며 서로 문학과 미술에 관심이 많다는 공통점이 있었다. 따라서 김찬영은 귀국 후에 김동인이 주관한 잡지 『창조』와 『영대』에 회원으로서 활동하기도 했다.

김찬영은 메이지학원을 졸업하고 동경미술학교에 입학하기 전 부친의 권고에 따라 메이지대 법과를 다녔으나 곧 자퇴하고 동경미술대학 서양화과에 진학했다. 그곳에서 5년간 수학한 후 1917년 3월 졸업을 했다. 동경미술대학은 졸업할 때 졸업 작품으로 반드시 〈자화상〉과 자유주제의 작품, 이렇게 두 점을 제출하도록 되어 있었다. 김찬영 또한 졸업 작품으로 〈자화상〉과 〈님프의 죽음〉이라는 작품을 제작했는데, 현존하는 것은 동경예술대학교 소장 〈자화상〉 한 점뿐이다.

> "평양부 수정 77번지 김찬영군은 금년 봄에 동경미술학교 양화과를 졸업하고 고향에 돌아왔는데, 조선 사람으로 동경미술학교를 졸업한 사람이 이 김군까지 세 명이며 세 명이 다 양화과이요 평양에 두 사람이 있음은 금수강산의 자랑이

라 하겠더라…… 부친의 지명으로 명치대학 법학과에 입학하였으나 군은 천성으로 미술을 좋아하며 따라서 미술에 관한 재주도 있으므로 중도에 동교를 퇴학하고 동경미술학교에 입학하였는데 지금에 이르러서는 그 가정에서는 미술이 군에게 적당한 줄 알고 대단히 좋아한다 하더라. 군은 기자에게 대하여 말하되, "미술은 인생과 자연의 반영이지요. 무엇이든지 그를 모사하여 그의 생명을 실제 이상에 연장케하는 것은 미술이 아니면 능치 못하여요. 그런데 우리 조선에는 모사할 것이 많아요. 이것을 모두 써서 우리 자손에게 완전한 참고와 모범을 주는 것은 우리의 책임이지요" 하더라. 이때 뜰 앞에 느적거리는 두어떨기 작약은 고운 잎이 하나 둘씩 풀풀 날리더라."

-『매일신보』 1917. 6. 20.
미술은 자연의 반영, 서양화가 김찬영군

김찬영은 당시 유행의 선두주자였다고 한다. 그의 아들이자 서양화가 김병기의 회고에 의하면, '돈 많은 멋생이이면서 일종의 탕자' 같았으며, '댄디즘에 플레이보이'였다. 항상 양복을 즐겨 입었고 마음에 드는 넥타이를 구하러 동경에까지 갈 정도였다. 평양 최초의 서양식 주택이 그의 집이라는 것도 별로 놀랄 일이 아니었다. 그런데 그가 졸업하고 귀국한 1910년 말 조선은 아직 서양화에 대한 이해가 거의 전무하다시피 했다. 이런 시대적 분위기 속에서 서양화가로서 활동하는 것이 녹록지 않았으리라. 특히 예술성과 심미성에 절대적인 가치를 부여하는 순수주의 예술을 주장한 그였

김찬영 자화상(1917)
캔버스에 유채 60.5×40cm 일본 동경예술대학 소장

기에 더더욱 이러한 현실 속에서 작품 활동을 하기 힘들었을 것이다. 이 때문인지 1917년 귀국한 직후 국내에서 활동한 흔적은 찾을 수 없다. 그러다가 1920~1921년 경성에서 체류하던 1년 동안 잡지『창조』의 표지그림을 그리고 집필을 하는 등 의욕적으로 활동했다. 그러나 1921년 고향으로 돌아간 후 술로 무절제한 생활을 하면서 다시 활동을 중단하게 된다. 20년대 중반『영대』 잡지의 표지를 그리면서 활동을 재개하지만 이렇다 할 만한 작품을 남기지는 않았다. 그러다 1930년대 중반 고미술품 수장가로 변모하면서 이후 미술계에서 그의 이름을 더 이상 찾아볼 수 없게 되었다.

유학생으로서의 사회적 책무

1909년부터 1945년까지 동경미술학교를 졸업하고 귀국한 조선인 유학생들은 조선에 서양화를 보급하고 확산시키는 일을 자신들의 사회적 책무로 인식했다. 그리하여 귀국 후 이들은 조선의 서양화단 성립을 위해 다양한 단체 활동을 시작했다. 이 단체를 통해 유학 중 경험한 다양한 예술 활동을 시도하고 미술의 저변을 확대시키려 노력했다. 특히 이들이 관심을 기울인 것은 미술교육과 전시회 활동이었다. 동경미술학교 출신이 관련된 첫 단체는《고려화회(高麗畵會)》로, 고희동이 귀국해서 재직하던 학교 학생들이 모여 만든 단체였다. 창립 회원 중에 나중에 동경미술학교에 입학한 김창섭, 이제창이 있었다.

동경미술학교 졸업생이 만든 단체로 주목할 만한 것은 1925년

繪畫研究所
朔星會를組織

平壤府內有志의發起로繪畫研究의機關인朔星會를組織하고左記要項에依하야來七月一日부터開講할터이라고(平壤)

場所　府內天道教宗理院內廣德學館跡
入會金　壹圓
東洋畫　壹個月會費壹圓、西洋畫、壹個月會費貳圓
研究科目　東洋畫(水墨、淡彩)西洋畫(木炭、油畫)
畢業期限　滿二個年
擔任講師　東洋畫(金允輔、金廣植)西洋畫(金觀鎬、金維邦)

《삭성회》 조직 관련 기사(『동아일보』 1925. 6. 26)

6월 탄생한 《삭성회(朔星會)》이다. 《삭성회》는 김관호, 김찬영 등 평양 출신의 동경미술학교 졸업생들이 만든 단체였다. 주로 미술 교육을 목적으로 했으며, 전통화 부문에서는 김윤보와 김광식, 서양화 부문에서는 김관호와 김찬영이 담임강사로 활약했다.* 처음 평양부의 천도교 종리원 광덕학관에서 문을 열었다, 수업연한은 만 2년이었으며, 정원은 동양화는 20명, 서양화는 30명이었다. 입회비 1원, 1개월 회비는 동양화 1원, 서양화 2원이었다. 창립 다음 해에는 정식으로 근대식 미술 교육기관인 《삭성회 회화연구소》를 열었다.

* 동아일보 1925. 6. 26. 회화연구소 삭성회를 조직, 동아일보 1915. 6. 27. 평양에 회화연구소

1926년 7월 23일 《삭성회》는 회화연구소 내에서 제1회 회화전람회를 개최했는데, 연구생 중심의 작품 50여 점이 출품되었다. 한여름의 뙤약볕이 내리쬐는 날임에도 불구하고 회화에 흥미를 가진 관람객 약 700여 명이 전시회를 보러 왔다.* 당시 《삭성회》는 '민족애로 타오르는 사설단체'로서, '금수강산의 미묘한 경치와 색상(景色)'을 배경으로 평양을 중심으로 한 서선지방의 이채로움을 표현하는 단체로 알려져 있었다.** 1927년 개최된 제6회 조선미술전람회에 《삭성회》 연구생 3명이 출품하여 모두 입선하는 쾌거를 거두기도 했다.***

제2회 《삭성회》 전람회는 조선일보사 평양지국의 후원으로 1927년 10월 2일부터 6일까지 평양 상품진열관에서 개최되었다. 전 해와 달리 삭성회원 및 조선 각 지역과 동경 유명 화가의 그림 약 400여 점이 출품되었다. 《삭성회》 전람회는 일반 대중에게 미술 사상을 보급하기 위하여 무료전시로 진행되었으며, 더 많은 관람객을 끌어들이기 위해 조선 최초로 '현상투표' 제도를 실시하기도 했다. 이를 통해 이제 막 돋아나기 시작한 조선 예술의 신생명이 빨리 자리를 잡을 수 있기를 바랐다.**** 김찬영, 김관호, 김광식 등은 《삭성회 회화연구소》를 정식 미술학교로 승격시키기 위한 운동을 전개했지만 뜻을 이루지 못하였다. 미술학교 설립이라는

---

* 조선일보 1926. 7. 25. 삭성회 제1회 회화전람 성황.

** 조선일보 1927. 3. 27. 지방소개 八, 민족애에 타오르는 사상단체.

*** 조선일보 1927. 5. 23. 미전입선과 평양 삭성회.

**** 조선일보 1927. 9. 18. 삭성전람 일반 출품 환영.

원대한 목표가 좌절되었기 때문일까, 김찬영, 김관호 등 주요 인물들이 이탈하기 시작했다. 결국 1928년 5월 제3회 전람회를 끝으로 더 이상 전람회를 개최하지 못했고, 1930년대 초반까지 소규모 화실 성격으로 이어지다 해체된 것으로 보인다.

예술의 향토성이란

동경미술학교 졸업생들이 관여한 또 다른 단체는《창광회》이다.《창광회》는 민중운동 단계에 발맞추어 민중예술을 고조하자는 의미로 1927년 8월, 조선의 청년화가, 조각가로 명성이 쟁쟁한 30여 명이 결성한 단체였다.* 여기서 동경미술학교 출신은 김창섭, 김응진, 이제창, 김주경, 김복진 등이었다.《창광회》의 창립에 즈음하여 『조선일보』에 게재된 논설에서 당시 미술인들이 고민했던 예술의 향토성, 민중적 요구, 식민지 조선의 예술가로서의 사명 등을 엿볼 수 있다.

> "예술에는 국경이 없다. 그러나 한 민족이 길고 긴 동안 그 산하 그 풍토에서 자라나고 살아가면서 그의 기상과 기온 속에서 특수한 자연의 현상에 감촉하여 오는 동안 형성되고 성장된 예술적 성능은 다만 그 환경과 전통을 달리한 수입된 형식과 모조되는 내용으로는 그 진정한 생명을 창조·

* 조선일보 1927. 8. 29. 민중예술 고조할 창광회 발기.

경성 태서관에서 열린《창광회》발기 총회(『조선일보』 1927. 8. 29.)

파악할 수 없고 따라서 민족적으로 심각 · 철저하게 영감 체험을 완성할 수 없는 것이다. (중략) 그의 향토적 천연성(바꿀 수 없는 자아 유일의 생활환경에 입각하여 출발한 특수경향)을 주축으로 삼고 내용에 담으며 형식으로 표현하는 민중적 예술을 건설하는 것은 언듯 보아 예술가의 취미인 것처럼 같지만 실은 경세적 당위성을 가장 많이 가지게 된다. 창광회의 창립은 민중의 요구를 앞서서 실현하는 시대적 가치를 가진 일이 되는 것이다."

-『조선일보』 1927. 9. 2. 조선본위 예술을 고조할 창광회

'민중을 위한 예술'을 추구하던《창광회》는 1928년부터 경성에 본부를 두고, 동경과 상해에 지부를 설치하는 등 활발하게 활동

을 펼치려 했으나 그해 8월 간사였던 김복진이 체포되면서 해체되었다.

조선적인 '예술'을 찾아서

1929년 동경미술학교 동문들은 조선적인 유화 창작을 목적을 둔 《동미회》를 결성하고, 1930년 4월 17일부터 26일까지 '제1회 동미전(東美展)'을 개최했다. 이에 즈음하여 《동미회》 창립과 '동미전'의 중심적 역할을 한 김용준은 『동아일보』에 「동미전을 개최하며」라는 제목의 글을 발표하여 '조선적인 예술'의 모색을 강조했다. 그는 역사적으로 보나 민족성으로 보나 조선은 미술의 나라였는데, 이렇게 발달한 문화가 예술을 이해하지 못한 일본 제국정치로 인해 쇠미(衰微)의 비운에 떨어졌다고 했다. 그렇다면 김용준이 강조한 당시 예술가들의 시대적 사명은 무엇이었을까. 서구의 예술인가, 일본의 예술인가 아니면 옛 원시의 예술인가. 그는 진정한 조선의 예술을 찾기 위해서는 서구의 예술을 모방하는 데 그쳐서는 안 되며, 정치적으로 구분하는 민족주의적 입장에서 그것을 찾아서는 안 된다고 했다. 이른바 향토적 정서를 노래하고, 그 율조를 찾아야 한다고 했다. 그것을 찾기 위해 옛 예술과 함께 현대의 예술도 함께 연구해야 한다고 주장했다. 이러한 그의 사상이 반영된 탓일까. 제1회 동미전에는 동창회원 작품 50여 점과 찬조 출품으로 동교를 졸업한 특별회원과 교수들의 작품 등 100여 점이 출품되었다. 또 조선 역대 미술가 단원 김홍도, 겸재 정선 등의 작품

제1회 동미전 광고
(『동아일보』 1930. 4. 9)

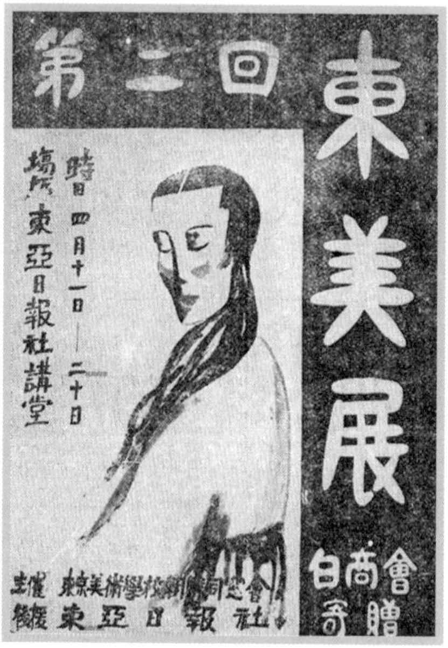

제2회 동미전 광고
(『동아일보』 1931. 4. 8)

도 전시되었고, 인도와 페르시아, 남태평양의 여러 국가들의 골동품과 염직물도 전시되었다.

그런데 1931년 4월 11일부터 20일까지 개최된 제2회 동미전에는 찬조 출품을 전면 폐지하고 회원 작품 50여 점만 전시했다. 홍득순이 주도한 이 전시회는 '우리의 현실을 여실히 파악하여 가지고 우리의 자영과 환경을 표현하는 것이 우리의 나아갈 바 정당한 길'이라고 하며 동미회의 나아갈 길을 예고했다. 제3회 전시회에서는 그 성격을 졸업생 위주로 바꾸기로 한다. 그 전까지는 재학생들을 중심으로 진행되었고 졸업생들은 찬조 자격이었다. 《동미회》는 결국 3회 개최되는 동안 매번 전시회의 목표와 전시 출품자의 기준이 달랐다. 결국 중심 세력의 부재로 제3회 전시를 마지막으로 해산되었다. 그러나 조선적 '예술'의 방향을 모색하기 위한 논의들이 활발했다는 점에서 동미회의 의의가 있다고 하겠다.

시대적 상황에 맞는 작가의식

일제강점기 신미술을 배우기 위해 식민지 조선에서 제국 일본의 동경미술학교로 유학을 떠난 조선인 유학생들은 귀국 후 한국 근대 서양화의 보급과 확산에 큰 역할을 했다. 그러한 한편으로 유학생들은 유학시절 경험한 다양한 예술에의 탐색이 귀국 후 현실에 부딪히며 좌절을 겪기도 했다. 물론 이에 대하여 무비판적인 현실인식이나 시대상황이 배제된 형식주의로서, 기술도입 단계의 수준을 넘지 못했다는 한계도 지적된다. 그러나 서양화를 알지 못했던 조선에 이를 소개한 것만으로도 큰 의미가 있다 하겠다. 시간이 지날수록 유학생들은 자신만의 예술론을 정립하고 조선의 예술이 나아가야 할 방향을 치열하게 논쟁하며 그 길을 모색했다. 그러한 과정을 통해 한국 근대 화단은 더욱더 풍성해질 수 있었다.

길어지는 식민지적 삶 속에서 시간이 지날수록 일본에서 유학한 이들의 길은 두 갈래로 나뉘었다. 일제의 침략전쟁을 선전하고 선동하는 등 일제에 협력하는 길을 가거나 일제에 완전 포섭되지 않고 현실에 타협하지도 않은 채 소신껏 작품 활동을 하거나. 이는 작가의 시대 의식과 깊은 관련이 있다. 결국 일제강점기 관립 동경미술학교 출신의 조선인 유학생들에게는 시대적 상황에 걸맞는 작가의식 확립이라는 과제가 더욱 절실하게 주어져 있었던 것이다. (이가연)

근대시기 상해로 떠난 한국유학생

근대시기 한국 유학생은 왜 상해로 떠났을까?

근대시기, 많은 한국의 청년들은 다양한 이유로 유학을 떠났다. 그중, 적지 않은 한국 청년들은 상해를 유학지로 선택하였다. 그렇다면 한국 청년들이 상해를 유학지로 선택한 이유는 무엇이었을까? 그 이유를 알아보기 위해서는 먼저 당시 상해의 역사적 · 사회적 상황은 물론 상해의 근대교육 발전상황에 대해 알아보아야 할 것이다. 그리고 당시 한국의 청년이 자신의 고국을 떠나게 된 이유 역시 알아보아야 할 것이다.

이제부터 근대시기 중국 상해와 한국, 그리고 그 두 곳을 오갔던 한인 유학생들에 대해 살펴보고자 한다. 그리고 당시 상해로 유학을 떠난 한국 청년들에 대한 이야기를 해보려 한다.

한국의 청년들은 왜 한국을 떠나야만 했을까?

1876년 강화도 조약 이후 외세에 문호를 개방한 조선은 1881년 항구를 개항하고 서구 문물을 도입하기 시작한다. 그리고 1880년대 조선은 배재학당 등 신학교를 설립하고, 영어교육기관인 육영공원, 장교 사관 양성 기관인 연무공원 등을 설립하며 새로운 인재배출에 힘썼다. 1890년대에 들어서면서 근대 해군 양성소인 통제영학당이 설립되고 1894년 최초의 초등학교인 관립교동소학교의 개교와 과거시험의 폐지 등이 이루어지면서, 점차 근대 교육의 기틀이 마련되었다.

그러나 이후 조선은 일본의 식민지로 전락하게 되었고, 한국의 '근대 교육'은 점차 퇴보하는 모습을 보인다. 일본의 식민지배 아래 있던 한국에는 1924년 경성제국대학 예과가 설립되기 전까지 근대적인 대학이 존재하지 않았다. 또한 1910년 일본의 강제 합방으로, 선교사들의 교육 활동도 제한되면서, 선교사들의 교육기관 설립 및 운영도 제한된다. 또한 당시 국내에서 이루어진 일본의 우민화 정책 및 동화 정책으로 인해, 기존에 설립되었던 고등교육기관마저 폐쇄되거나 그 교육 수준이 매우 떨어지게 된다. 특히, 1915년 〈개정사립학교규칙〉이 반포되면서 사립학교에서의 종교교육이 금지되었고, 〈전문학교규칙〉의 "본령에 의거하여 설치되는 전문학교가 아니면 전문학교라는 명칭을 사용할 수 없다"라는 규

경성제국대학의 전경 (출처: 위키백과)

정으로 인해, 20세기 초 국내 교회학교 및 사립학교의 발전은 제약될 수밖에 없었다.

당시 국내 유일의 고등교육기관이었던 경성제국대학은 1922년 발효된 제2차 조선교육령에 따라, 1924년 일본 제국 정부에 의하여 경기도 경성부에 세워진 고등교육기관이었다. 일제강점기 전 기간에 걸쳐, 경성제국대학을 제외하고는 국내에는 단 한 개의 관립대학과 사립대학이 설립되지 못하였다.

조선총독부는 인재 양성을 위한 전문교육의 필요성에 의해 대한제국 법관양성소를 경성법학전문학교로, 조선총독부병원 부속 의학강습소를 경성의학전문학교로, 대한제국농상공학교를 경성공업전문학교로 승격시키는 등 각각의 분야의 전문 인력을 양성하고자 하였다. 그리고 3 · 1운동이 있었던 1919년 '고등교육기관 설립계획'을 발표하고 식민지 조선에 대학을 설립하기 위해 본격적으로 움직이기 시작한다. 그 결과 1924년 경성제국대학이 설립된다.

한반도 최초의 대학이자, 조선의 최고 학부였던 경성제국대학의 한국인 학생 수는 그다지 많지 않았다. 대학 입학에서부터 조선인에 대한 차별이 암묵적으로 존재하였기 때문이다. 조선인의 입학 인원은 대략 입학정원의 3분의 1 수준으로 매년 50명 정도였으며, 나머지 3분의 1은 재조선 일본인, 그리고 나머지 3분의 1은 일본 내 일본인 즉 내지인이었다. 뿐만 아니라, 모든 지원자는 신분조사에 통과해야 했기에 많은 한국 청년은 경성제국대학의 입학을 포기해야 했다.

한국 청년이 국내에서 학업을 포기해야만 했던 이유는 이뿐만이 아니었다. 독립운동에 뛰어든 많은 청년들은 일본의 탄압을 받으며 숨어 지내야만 했기 때문에 학업을 이어나갈 수 없는 정치적 피난민이 되었다. 뿐만 아니라, 일본에서 유학하던 청년들 역시, 일본에서 학생독립운동을 전개한 이후 일종의 '피난'을 택해야만 했다. 1919년 2월 8일 일본 동경에서 발발한 '2 · 8학생독립운동' 이후 얼마 되지 않아 동경에서 유학하던 한인 청년들이 체포되거나 잠적하였다는 소식이 국내에 전해졌다. 그리고 이후 전개된 3 · 1운동 이후, 3 · 1운동에 참여한 국내 청년들은 일본의 탄압을 피하기 위해 몸을 숨겨야 했다. 이로써, 2 · 8 학생독립운동과 3 · 1운동 등 학생독립운동에 가담했던 청년들은 일본의 세력이 닿는 곳에서 정식적인 교육을 받을 수 없게 되었으며, 보다 자유로운 곳에서 실력을 키우기 위해 한국을 떠나게 되었다.

한국의 청년들이 상해를 유학지로 선택한 이유는 무엇일까?

상해의 교육기관은 절대적인 수와 그 교육의 질이라는 면에서 당시 한국에 비해 매우 높은 수준이었다. 이는 1843년 개항 이후 이루어진 일련의 근대화의 노력에 의한 것이라 할 수 있다. 1843년 상해가 영국에 의해 강제 개항된 이후, 영국 · 미국 · 프랑스 등 서구 열강은 동아시아에서의 세력 확장을 목적으로 상해로 들어온다. 그리고 점차 그 영향력을 확대시키며, 상해에 '조계지' 즉, 외국인이 자유로이 거주하며 치외법권을 누릴 수 있는 구역을 만든다. 조계지를 통해 서양의 사상, 종교 문화, 지식 등이 유입되면서, 상해는 동양 어느 곳보다 먼저 서양의 문물을 받아들이는 곳이 되었다.

그리고 이와 동시에 1861년부터 1894년까지 중국은 '양무운동'을 벌인다. 서양의 문물을 받아들여 군사적 자강과 함께 경제적 부강을 이루려는 목표 하에 전개된 양무운동의 일환으로, 서양의 교육제도를 받아들여 새로운 인재를 양성을 목표로 하는 근대적 교육제도가 실시된다. 이때 서양에서 사용되던 근대식 교육제도와 커리큘럼, 그리고 다양한 교육법과 새로운 지식 · 사상 등이 중국으로 유입되었다. 중국에서 최초로 실시된 초기형태의 현대 교육체계는 바로 1902년 실시된 '임인학제'였다. 오래전부터 이어져 오던 과거제도의 폐지와 함께 실시된 임인학제의 실시로 인해 중국의 전통적 교육 시스템은 끝이 난 것이다. 이후 국가적인 차원에서 학당 및 학부의 설립과 유학생 파견 등이 이루어지면서, 새로운

1928년의 상해 와이탄 (출처: 위키백과)

인재 양성을 위한 '신학(新學)'운동이 일어난다. 이를 계기로 상해에는 소학당, 실업학당, 전문학당, 고등학당, 여자학당, 유치원 등 다양한 신식 학당이 설립된다.

뿐만 아니라, 1912년 중화민국의 수립은 중국 근대고등교육발전의 큰 계기가 된다. 남경중화민국임시정부는 '대학설립운동'을 전개하여 학당을 학교로 바꾸었고, 다양한 서구 교육 이론을 받아들인 고등교육기관을 설립한다. 이로서, 1920년대는 상해 근대 고등교육의 전성기였다고 할 수 있다. 당시 상해에서는 중국 어느 지역보다 빠르게 서양문명을 접할 수 있고, 새로운 학문을 배울 수 있는 곳이었다. 특히 한국 유학생들은 상해의 교회대학, 국립대학, 사립대학 등 고등교육기관에서 신진 학문과 사상을 배울 수 있게 되었다.

상해에 설립된 교회학교 및 고등교육기관

중국에서 행동의 자유가 생긴 서구의 선교사들은 종교 특히, 기독교의 전파를 위해 중국으로 넘어온다. 그리고 선교활동과 함께 교회학교를 설립하고 운영하며 당시 서구의 신진 사상과 지식을 중국에 전달한다. 그중, 대표적인 교회학교로는 성요한대학, 진단대학, 호강대학이 있다.

동방의 하버드 대학교라 불린 성요한대학은 1879년 영국 성공회의 상하이 주교인 세코레세헵스키(Sekoresehewsky)에 의해 설립되었다.

1890년대 성요한대학의 예배당의 모습. 1980년대 말 철거되어 현존하지 않는다.
(출처: 바이두)

1892년 대학부를 설립하고, 1896년 정식으로 미국교회의 인가를 받아 성요한대학으로 승격한다. 그리고 1905년 12월 미국의 허가를 받아 졸업생을 미국으로 유학시킬 수도 있었다. 당시 중국은 과거제를 막 폐지한 시기였으며, 이미 최고의 반열에 올라선 성요한대학은 입학기준을 높여 우수한 학생만을 선별하여 입학시켰다. 또한 엄격한 커리큘럼 관리로 인해 중국 내 최고의 대학 중 한 곳으로 성장한다.

진단대학 역시 상해 지역 내 대표적인 교회학교이다. 진단대학은 예수회 소속의 마상백 신부(1840. 4. 7.~1939. 11. 4.)에 의해 설립되었다. 1947년까지 의대, 공대, 법대, 문학원, 진단여자문리학원을 비롯하여, 부설중학 2개와 간호전문학교 2개를 설립하여 인재를 육성하였다. 호강대학은 1900년 의화단 운동을 피해 상하이로 간 침례교의 중국 선교회 사람들이 상해에 설립한 고등학교에서 시작되었다. 이후 1906년 신학원을 설립하고 1909년 대학당을 세웠으며, 1911년에는 상해 침례교 대학(上海浸會大學)을 세운다. 그리고 1914년 대학 이름을 호강대학(滬江大學)으로 변경한다. 중국인들에게 서양의 문화를 이해하게 하고, 사회적인 인재 양성을 목표로 하여 설립된 호강대학은 1949년까지 많은 인재를 배출하였다.

이 세 개의 교회 대학 외에도 상해에는 삼육대학, 동오대학법학원 등의 교회대학이 설립되었다. 그중, 동오대학법학원의 전신은 동오대학법과로, 1915년 상해에 설립된 법학전문 고등교육기관이었다. 영미법, 로마법, 히브리법 등 주요한 법률 체계를 익히고, 이를 통해 법률 제도의 기본 원칙을 습득하는 것을 목표로 설립된 동오대학법학원은 법률 분야에서 중국뿐만 아니라 세계에서도 인정받는 고등교육기관으로 성장한다. 1930년대부터 1990년대까지 국제사법재판소의 중국인 법관 여섯 명 모두 이 대학의 교수이거나 졸업생이었던 것으로 볼 때, 동오대학법학원은 세계적 법학도를 양성하고 배출하는 주요한 교육기관이었음을 알 수 있다.

이 외에도 근대시기 상해에는 수많은 고등교육기관이 설립되며, 중국 어느 지역보다 빠르게 서양문명을 접할 수 있고, 새로운 학문을 배울 수 있는 곳으로 인식되었다. 당시 상해에 설립된 고등교육기관은 교회대학 외에도 국립대학, 사립대학 등이 있었다. 상해대학에 설립되었던 국립대학으로는 교통대학, 동제대학, 노동대학 등이 있었다. 그중 동제대학은 호강대학교와 더불어 가장 많은 한국 청년들이 수학한 곳이었다. 비록 많은 한국 청년들은 독립운동에 뜻을 두며 학업을 마치지 못하였으나, 한국 청년들에게 있어 동제대학은 새로운 지식과 사상을 배울 수 있는 꿈의 대학이었다.

이뿐만 아니라, 상해에는 복단대학, 기남대학, 중국공학, 대동학원, 도서미술원, 상해대학, 남양의과대학 등 많은 사립대학이 설립되었으며, 수리, 화학, 방직 등 기술교육과 법정, 농업, 상업, 외국어, 예술, 체육 분야의 전문적인 교육을 실시하는 실업학교 및 전문학교도 설립되었다.

상해에 설립된 한인 교육기관

상해에 설립된 최초의 한인학교는 1917년 2월 설립된 인성학교이다. 당시 상해에 거주하던 한국인의 자제를 교육시키기 위해 사립으로 설립되었으며, 1919년 대한민국임시정부 수립 이후 상해한인거류민단 소속 공립학교가 되었다. 1920년 교장으로 부임한 여운홍은 지(知), 덕(德), 체(體)의 함양을 목표로 대한민국임시정부의 교육정책에 기반을 둔 국어와 국사 교육에 주력하였으며, 어린 한국인들에게 '한국혼'을 교육시키는 데 공을 들였다.

인성학교는 소학교로 출발했지만, 그 목표는 상해뿐만 아니라, 가장 완벽한 모범 해외한인 교육 기관으로서 초등, 중등, 전문 과정을 교육하는 종합학교였다. 따라서 인성학교의 교육 목표나 내용은 민족교육을 통해 민족정신과 민족 역량을 배양하고, 자활능력을 양성하여 완전한 민주시민육성과 새로운 민주 국가를 건설

일제의 식민지교육 압박을 받고 마침내 일시적으로 학교 수업을 정지할 것을 결정한 인성학교 교사와 학생들(출처: 국사편찬위원회 전자사료관)

하는 데 있었다. 이를 통해 볼 때, 인성학교는 독립운동과 전인교육, 글로벌 인재양성의 요람이었다고 해도 과언이 아니다.

또한 임시정부도 한인 청년의 교육에 큰 관심을 갖고 있었고, 한인 청년의 교육환경 개선에도 힘썼다. 임시정부의 독립운동가들은 상해에 있는 서양 선교사와 중국 교육계 인사들과 교류하며, 상해에 있는 대학에 한인학생을 입학시키고자 노력했다. 그리고 이와 동시에 민족의 유능한 인재를 키우기 위해 중국과 구미 각국에 교섭하여 청년들의 외국 유학을 주선하기도 하였다.

1980년대부터 1930년대까지 상해 한인 유학생의 규모 변화

한인의 상해 유학사는 1880년대로 거슬러 올라간다. 1883년 선박을 통해 조선에서 상해로의 이동이 가능해지면서, 상해에서 한인 학생의 모습이 나타나기 시작했다. 윤태병, 윤정식, 민주호는 1883년 8월 이후 상해의 영화서관(英華書館)에서 학습했고, 이규원, 김원식, 김승학은 1884년 초에 기술을 배우러 상해로 왔다. 그러나 유학을 목적으로 와서 학업을 제대로 마친 첫 번째 한인 유학생은 바로 1885년부터 1888년까지 상해에서 유학한 윤치호였다. 1884년 갑신정변이 실패한 후, 개화당에 적극 가담했던 윤치호는 주한미공사의 추천으로 1885년 상해에 도착하여 미국인이 1882년에 설립한 중서학교에 입학했다. 이후 그는 미국으로 다시 건너가 밴더빌트 칼리지에서 수학한 뒤, 4년제 대학인 미국 남부의 조지아주에 위치한 에모리 대학교로 진학하여 신학을 전공한다.

1900년 초 상해의 한인 유학생 규모는 점차 커지는 모습을 보인다. 사실 1910년 한일 합방 전까지 한인 유학생 수는 매우 적었다. 1910년 한일합방 이후, 특히 1919년 3 · 1운동 이후 많은 한인 청년들은 한국과 일본에서 상해로 망명하여, 임시정부의 독립운동에 동참하며 상해의 교육기관에 입학했다. 1910년부터 1930년대까지 상해에서 유학한 한국인 유학생의 수는 아래의 그래프와 같다.

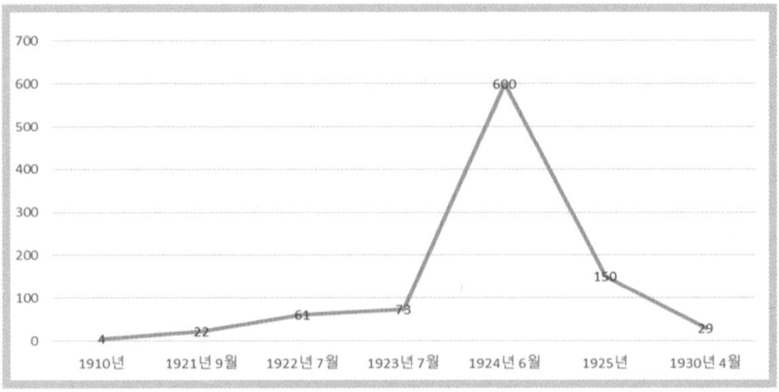

상해유학생 변화 추이

1910년만 해도, 상해에 거주한 한인 50여 명 중 학생은 4명에 불과하였으나, 1919년부터 1924년까지 한국인 유학생의 수는 꾸준히 증가하는 모습을 보인다.

특히, 1923년 9월 1일 일어난 관동대지진과 조선인 대학살로 인해, 일본에서 유학하던 유학생들이 대거 상해로 이동하면서, 상해에 체류하는 유학생의 수가 한때 급격히 증가하기도 하였다. 이로

써 1924년은 한인 상해 유학의 전성기가 되었다. 그러나 중국의 학기제가 일본과 일치하지 않는다는 점과 많은 한국인 유학생들이 중국어에 능숙하지 못하였다는 점 등으로 인해, 상해에서 유학하는 한국 유학생들은 많은 어려움을 겪게 된다. 이에 상해의 대학에 바로 입학할 수 없는 청년들을 위해 임시정부의 학무총장을 역임한 김규식은 중국인들과 공동으로 남화학원을 설립한다. 이로써 한인 청년들은 남화학원에서 중국어와 영어를 배우며 상해 고등교육 기관에 입학하기 위한 예비교육을 받게 되었다. 이 같은 노력으로 당시 상해의 한인학생은 600여 명에 달할 정도로 늘어났다. 그러나 1924년 6월을 기점으로 약 일 년 동안 상해지역의 유학생 수는 급속하게 감소하게 된다. 게다가 1927년 남경에서 국민정부가 수립된 이후 남경국민정부의 교육계에 대한 통제는 더욱 거세어졌고, 한인학생의 대학 입학은 더욱 어려워지게 된다.

유학생의 수가 급격히 증가하던 1923년 하반기부터 1924년 상반기까지의 기간 동안 상해에 온 유학생의 대부분은 교육기관에 정식으로 입학하지 못한 채 다시 한국에 돌아갔다. 따라서 이들 중 대부분의 한인 청년은 진정한 의미에서 유학생이라고 할 수 없다. 그리고 일부 유학생은 비록 상해 중등교육기관에 입학하였더라도 언어불통 및 학비 부족 등의 이유로 중도 퇴학하여 한국으로 돌아간 경우도 많았다. 즉, 당시 한인 유학생 중 상당수가 언어문제로 인하여 대학 진학이 어려웠고, 중등학교 및 한인의 예비학교에 입학하는 경우가 많았다. 그러나 당시 한인 중등학교 입학 상황 역시 낙관적이지 못했다. 따라서 중등학교 및 한인 예비학교에 있는 한인학생은 안정적인 유학 환경을 가지지 못하였다. 그러나 대학에 입학한 한인 유학생의 유학생활은 상대적으로 안정된 모습을 보였다. 1924년 전반적으로 한인학생의 수가 대폭 감소되는 추세 속에서 상해 고등교육기관에 입학한 한인 학생은 증가했다. 이 시기 대학에 입학한 한인학생은 언어실력과 학업에 대한 열정으로 상대적으로 우월한 경향을 보였다. 또한 한인 대학생의 경우에는 몇 년 동안 상해에서 수학하며 독립운동에 동참하는 자가 많았다.

1931년 만주사변과 상해사변, 그리고 1932년 윤봉길 의사의 의거가 이어지면서, 상해 유학은 사실상 중단되었다. 그리고 1932년 임시정부가 상해를 떠나게 되면서, 상해의 유학환경은 매우 불안정해졌다. 반면, 1920년대 중반부터 광동지역에서 유학하는 한국인의 수는 점차 늘어나게 된다. 특히 독립운동가의 주선으로 한인 청년들은 다양한 혜택을 받으며 광동지역의 교육기관에 입학하게 되었다.

상해지역 한인 유학생의 학생단체 활동과 독립운동

한인 유학생들은 유학생활을 하면서 여러 가지 모습으로 독립운동에 참여하였다. 상해한인유학생회, 화동한국학생연합회, 요호한인학우회, 상해한인학우회, 상해학우회, 보산학우회 등 일부 학생단체는 임시정부에 협조했으며, 개인적으로 흥사단과 같은 단체에 가입하는 학생도 있었다. 또한 독립운동계 세력과 연합하여 새로운 단체를 만들기도 하였다.

그중 상해한인유학생회는 1923년 여운형을 중심으로 한 독립운동가들이 조직한 유학생 단체로, 1932년 임시정부가 상해를 떠날 때까지 활발히 활동한 단체였다. 그리고 화동한국학생연합회는 1921년 강소성, 절강성, 강서성, 안휘성 등 4개성에 재류하는 한국 유학생들이 상해에서 조직한 단체이다. 1925년 본부를 난징으로 이전한 뒤 기관지를 봄 · 가을로 2회 발간하고 전중국유학생대회를 개최하기도 하였다. 이 두 단체는 상해의 대표적인 한인 유학생 단체이자 독립운동 단체였으나, 그 노선과 성격은 다소 차이가 있었다. 상해한인유학회는 한인학생 간의 편의를 도모하면서 대한민국임시정부의 활동에 적극적으로 협조한 반면, 화동한국학생연합회는 안창호의 독립노선을 적극 지원했기 때문이다.

이 외에도 다양한 이념과 노선을 내건 여러 학생단체가 등장했다. 그중 대표적인 학생조직이 유호한인학우회이다. 이 단체는 사회주의적 성격을 갖는 단체로, 과학적인 지식의 연구와 혁명적인 사상의 격려, 민중운동의 노력 등을 목표로 삼고 있다. 그리고 상해한인학우회는 대한민국임시정부의 분립상황 속에서 단체 통합의 중요성을 느낀 한인 유학생들이 유학생 간의 통합을 도모하기 위해 만든 단체이다.

이 외에도 많은 한국 유학생들은 개인적으로 흥사단에 가입하여 활동하기도 하였다. 흥사단은 민족의 실력을 키우고 독립을 통한 새로운 민족국가 설립을 목적으로 안창호를 중심으로 조직된 단체이다. 흥사단의 경우 학생 단체는 아니지만, 많은 수의 학생이 이 흥사단에 가입하여 독립운동을 펼쳤으며, 흥사단에 소속한 학생들의 대부분은 학업을 마치기 위해 매우 노력한 것으로 보인다.

실제로 상해에서 유학하던 한국 유학생들이 학업을 마친 경우가 적었던 상황 속에서 흥사단에 가입한 대부분의 학생들은 중학 및 대학을 졸업했고, 졸업 후에도 미국유학을 선택한 사람도 있었다. 그러나 신언준, 김현택, 안원생, 구익균, 유정우 등은 졸업 후 중국 각지에서 직접 독립운동에 투신하기도 했다.

한인 유학생의 진로

상해지역 대학 출신 유학생에 대해 살펴봄에 있어, 그들이 졸업 후 어떠한 활동을 하였는가는 그들의 유학경험이 어떠한 의미를 갖는가를 알아보는 데 매우 중요하다. 한인 유학생들 중 많은 수는 여러 이유로 졸업을 하지 못하였으나, 각 영역에서 근대 한중 양국의 문화 교류에 중요한 역할을 담당하였다. 유학생들의 유학 이후 활동을 보면, 다음과 같은 몇 가지로 분류할 수 있다. 첫 번째는 계속하여 중국에 거주하면서 독립운동에 투신한 유학생이다. 두 번째는 상해 교육기관에서 졸업을 한 이후 유럽과 미국 등지에서 계속적으로 학업을 이어나간 유학생이다. 세 번째는 한국에 귀국하여 언론계와 문학계에서 활동한 유학생이 있으며, 네 번째로는 한국과 중국의 문화계에서 활동한 유학생들이다. 마지막으로는 한국에 귀국하여 정계 혹은 군대에서 활동한 유학생들이다.

중국에서 독립운동에 투신한 유학생

한인 유학생은 재학 중 대부분 독립운동에 참여했고, 졸업 후에도 각 독립운동 단체에 가입하여 활동하였다. 이 중 대표적인 인물로는 서재현, 유진동, 이영래, 김현택, 구익균, 민필호 등이 있다. 그들의 독립운동 노선과 소속 당파는 매우 다양했다.

서재현은 임시정부에서 활동하여, 한국독립당과 민족혁명당에 가입하였으며, 동제대학 의과출신의 유진동은 재학시절 한인학위회를 결성하여 임원으로 활동했고 이후 흥사단에 가입하여 활동했다. 유진동의 경우 김구의 주치의로 활동했으며, 김구는 유진동에 대해 '상해 학생시절부터 나를 특별히 따르던 동지'라고 말하였다.

김현택은 배재중학교 3학년 때 3 · 1운동에 참여했다가 일본군의 탄압을 피해 중국으로 밀항한 인물이다. 그는 상해 호강대학 부속중학교에서 공부하였으며, 어렸을 때부터 총명했던 김현택은 당시 최고의 의학기관인 북경협화의학원에 입학하여 우수한 성적을 거뒀다. 이때 김현택은 흥사단 북경지부에서 활발한 독립운동 활동을 펼쳤다. 현재 중국 천진(天津)시 종양병원의 정문 옆에는 중국종양의학 기틀을 다진 인물로 김현택의 동상을 세워져 있다.

구익균은 1928년 신의주고등보통학교에 재학하던 중 잡지 『신우(新友)』의 편집인으로 활동하였으며, 조선총독부의 교육을 노예교육으로 규정하고 이를 반대하는 운동에 앞장서다가 일본 경찰에 구속되어 며칠간 고초를 겪었다. 이후 신의주고등보통학교를 졸업한 그는 경성제국대학에 지원, 입학시험을 치렀으나 추천서에

1939년 11월 17일 광복군의 전신인 한국청년전지공작대가 서안으로 떠나기 직전 중경에서 임시정부 요인들과 기념 촬영, 앞줄 왼쪽: 박영준 · 엄항섭 · 박찬익 · 김구 · 유진동 · 김인/ 가운뎃줄 왼쪽: 김동수 · 박기성 · 송영집(엄익근 부인) · 하상기 · 평지성 부인 · 김작생 · 엄익근 · 나월환/ 뒷줄 왼쪽: 맹조화 · 이하유 · 평지성 · 김원영 · 조시제 · 현이평 · 이재현 · 주지(출처: 국사편찬위원회)

낮은 점수를 받는 바람에 낙방했다. 이에 상하이로 가기로 결심한 그는 상하이에 도착한 뒤 그곳에서 무역업으로 삶을 영위하면서 흥사단 활동에 주력했다. 그는 1932년 이후 광주에서 한인학생을 중산대학과 광동황포군관학교에 입학시키고 지도하는 일을 하다가 1935년에 일경에 체포되어 한국으로 압송되어 징역 2년, 집행유예 4년을 받았다.

졸업 후 구미유학을 선택한 유학생

상해에서 학업을 마친 이후 미국과 유럽으로 또다시 유학길에 오른 인물로는 이극로, 안호상, 주요섭 등이 있다. 이극로와 안호상은 동제대학에서 독일어를 배웠고, 그 후 유럽의 대학에 입학하였다. 그들은 유럽에서 박사학위를 취득하였고, 귀국 후 각각 언어학, 체육계에서 활약한 대표적 인물이 되었다.

이극로는 '조선어학회'의 주도적 인물로서, 식민통치하의 조선어 발전에 큰 기여를 한 인물이다. 그는 1920년 중국 상해 동제대학(同濟大學) 예과를 마치고 1927년 독일 베를린대학 철학부를 졸업하였다. 이극로는 한글 운동에 앞장섰던 제1세대 한글학자로 1942년 조선어학회 사건 때 구속되는데, 조선어학회의 멤버 중에서도 가장 중추적인 핵심인사로 지목되어 구속당한 인물이다. 1945년 광복을 맞아 출소한 그는 1948년 4월 '남북 제정당 · 사회단체 연석회의' 참석차 평양에 갔다가 잔류하여 북한에서 활동하였다.

1949년 6월 12일 촬영한 조선어학회사건 수난자동지회 기념사진
(출처: 한국학중앙연구원)

그리고 안호상은 1922년 상해로 온 이후 독립운동가의 영향을 받아 학생운동에 뛰어들었으며, 상해한인유학생회를 이끌기도 하였다. 조국 독립을 위해서는 보다 장기적인 계획과 준비가 필요하다고 생각한 그는 독일 유학을 결심하고 독일에서 철학박사학위를 받았다. 이후 한국으로 돌아왔으나, 당시 조선총독부는 민족적 성향이 강한 그에게 교수직을 허락하지 않았고, 1933년 경성제국대학 대학원을 졸업하고 나서야 보성전문학교 교수로 부임할 수 있었다. 그러나 조선어학회사건 등 연속되는 반일행위로 인해 일급수배자로 지목되는 등 고초를 겪었다. 1945년 해방 이후, 그는 서울대 교수를 거쳐 한국 초대 문교부장관에 임명되었다.

이 외에도, 『사랑방손님과 어머니』의 작가 주요섭은 한국에서 숭실중학을 졸업한 후, 도쿄 아오야마학원(青山學院)을 거쳐 상해의 호강대학을 졸업했다. 그리고 스탠퍼드대학원에서 교육학 석사 과정을 수료한 이후 다시 중국으로 돌아와서 북경 보인대학(輔仁大學) 교수를 역임했으나, 1943년 일본의 대륙 침략에 협조하지 않는다는 이유로 추방 명령을 받고 한국으로 귀국하게 된다. 광복 후에는 『코리아 타임스』 주필, 경희대 교수, 국제 펜클럽 한국 본부 사무총장 및 위원장 등 중직을 맡으면서도 많은 문학작품을 창작한다.

언론계와 문학계에서 활동한 한인 유학생

상해에서의 유학생활을 마친 이후, 한국으로 돌아와 언론계와 문학계에서 활동한 유학생으로는 신언준, 김광주, 오성규 등이 대표적이다. 이들은 재학 중에 각종 문예활동에 적극 참여했을 뿐만 아니라, 졸업 후에도 문학 및 언론계에서 활약하여 근대 한중 양국 문학과 문화 교류에 큰 기여를 했다.

신언준(출처: 위키백과)

신언준은 졸업 이후 동아일보의 상하이, 난징 특파원으로 활동하였으며, 안창호의 독립운동에 적극적으로 협조함과 동시에 독립군을 모집하기 위한 비밀연락원 활동도 하였다. 그는 특파원 활동을 할 당시, 윤봉길 의사의 의거를 비롯하여 수많은 논설을 통해 근대 중국 및 국제 정세를 분석하여 한국에 그 소식을 생생하게 전달하였다.

소설가 김훈의 아버지로도 알려진 김광주는 의사가 되기 위해 상해 남양의대에 진학했으나, 문학에 뜻을 품고 중퇴한다. 그는 신문기자이자 베스트셀러 무협소설 작가로 유명했는데, 1930년대 한국문학과 한국문화를 중국에 소개하는 지식 교류의 중개자 역할을 도맡기도 하였다. 중국의 문학 작품을 한국에 번역하여 소개하고, 중국의 신문예 운동을 한국에 전하는 등 한국과 중국의 문학 교류에 매우 큰 공헌을 한 인물이었다.

그리고 한국의 가장 유명한 수필가로 손꼽히는 피천득은 호강대학교 영어영문학과를 졸업한 이후, 한국으로 돌아와 경성중앙

산업학원 교사로 근무했으며 광복 이후에는 경성대학을 거쳐 서울대 교수로 재직했다. 그의 수필과 시 곳곳에는 상해에서의 기억과 감정이 매우 소박한 문체로 적혀 있다. 이를 통해 볼 때, 피천득의 상해 유학 경험은 이후 그의 작품 세계에 많은 영향을 미쳤음을 알 수 있다. 이 외에도 우승규, 강로향, 심훈, 주요섭, 현진건, 최독견 등의 인물들 역시 상해 유학 이후 한국으로 돌아가 언론계와 문학계에서 많은 공을 세웠다.

문화계에서 활동한 한인 유학생

상해에서의 유학생활을 마치고 한국과 중국의 문화계에서 활동한 유학생으로는 김염, 김창근, 한회원, 신국권, 안원생, 현정주, 김진동, 김기승 등이 있다.

특히, 김염을 비롯한 전창근, 한혜원은 중국 연예계에서 활동하였다. 그중 독립운동가의 후예인 김염은 중국 영화계에서 활약하여, 근대 중국의 첫 번째 '영화 황제'라는 칭호를 얻기도 하였다. 그는 중국의 국가 일급배우로 임명될 정도로 영화계에서 뛰어난 두각을 보였으나, 문화대혁명 기간에 부르주아 지식인이라는 이유로 수용소에 들어가 어려운 생활을 해야만 했다.

1928년 상해의 중화학원에서 수학한 전창근은 1937년 9월 한국으로 돌아오기 전까지 상하이에서 영화를 제작하였으며, 중국 영화계에서 두각을 드러내게 된다. 그의 영화는 중국에서 많은 인기를 얻었으나 1937년 중일전쟁 발발 이후 한국으로 돌아오게 되었으며, 이후 한국의 영화계와 연극계에서 활발한 활동을 벌인다. 그의 대표적인 작품으로는 1941년 개봉한 〈복지만리〉가 있다. 이 작품은 일제의 만주침략을 담은 영화로, 전창근은 이 작품으로 인해 3개월간의 옥고를 치른다. 이후 연극에도 관심을 갖게 된 그는 〈고종황제와 의사 안중근〉, 〈삼일독립운동〉, 〈아아, 백범김구선생〉 등 한국혼과 독립운동 정신을 고취시키는 작품을 제작하는 데 힘썼다.

김염(출처: 위키백과)

이 외에도 신국원, 현정주, 안원생 등 유학생은 졸업 이후 한국과 중국의 체육계에서 활발한 활동을 벌이며 한중 양국 간 체육 교류에 주도적인 역할을 하였다. 그중 안중근의 조카인 안원생은 김구 선생의 비서와 통역을 맡음과 동시에 축구선수로도 활약한 인물이다. 그는 상해교통대학 재학시절 쌓은 인맥과 중국 스포츠계에서 맺은 인맥을 활용해 1943년 카이로 회담(미국 루스벨트, 영국 처칠, 중화민국 장제스가 모여 한국의 독립을 결정한 회담)을 앞두고 김구 주석과 김원봉 광복군부사령이 장제스 국민당 총통을 찾았을 때 만남을 성사시킬 수 있었다. 이뿐만 아니라, 그는 선수 수준의 축구 실력을 갖춘 인물이었다. 〈동아일보〉 1930년 9월 5일자 기사에 따르면, 안원생은 체력이 매우 좋아서 한번 경기를 뛰면 지치는 기색조차 없이 매우 강하게 상대를 압박하는 공수를 겸비한 천재 선수였다고 한다.

군·정계에서 활동한 한인 유학생

상해에서 공부를 마치고 한국에 귀국하여 정계 혹은 군대에서 활동한 유학생으로는 신성모, 손원일, 민경구, 장호근, 안병무, 윤성순, 차균찬 등이 대표적이다.

그중 오송상선학교의 신성모, 손원일, 민영구와 동제대학의 장호근은 한국의 군대 건설을 주도한 인물이었다. 근대 한국의 '해상왕'으로 불리었던 신성모는 1912년 상해로 건너가 오송상선학교를 거쳐 남경해군군관학교에서 무선전신(無線電信)을 배웠으며, 졸업 후 중국의 해군 사관으로 복무한다. 그리고 북경에 있는 무선전신학교를 거쳐 북경 무선전신국 등에서 일했다. 1921년 귀국 후 영국으로 유학을 떠나 1922년에 런던에 있는 킹 에드워드 7세 해양대학에 입학한 그는 졸업 이후 일등항해사로서 영국 상선회사에 들어가 선장으로 일하다가 1948년 11월에 한국으로 돌아온다. 그는 귀국하자마자 교통부에 신설된 교통자문위원회 위원이 되었으며, 12월에는 대한청년단 초대 단장과 2대 내무부장관으로 취임했다. 그리고 1949년 3월에 제2대 국방부장관으로 취임했으며, 1950년 4월부터 11월까지 국무총리서리를 겸직했다.

장호근은 동제대학 졸업생으로, 해군창설의 주역이었다. 장호근은 1945년 광복 직후 초대 해군 참모총장인 손원일 제독의 권유로 그해 11월 11일 오늘날 해군의 모체인 '해방병단' 창설에 참여했다. 그리고 해군정비창 초대, 3대, 6대 창장을 역임하며 함정정비 기술개발과 시설정비 등 해군발전에 많은 업적을 남겼다.

신성모(출처: 위키백과)

이들 외에도 독립운동가의 손정도의 아들 손원일은 대한민국 초대 해군참모 총장이 되었고, 안병무는 복단대학 재학시절 학생군으로 상해사변에 참전한 이후, 임시정부의 일원으로 중국에서 독립운동을 했다. 또한 윤성순은 한국의 국회의원이 되었고, 차균찬은 주홍콩영사에 임명되었다.

근대시기 한인 청년에게 상해유학은 어떠한 의미였을까?

한인 청년들은 자신의 미래는 물론 조국의 독립과 발전을 위해 유학시절부터 졸업 이후까지 자신의 시간과 노력을 바쳤다. 대부분의 유학생들은 유학생활을 마친 이후 다양한 분야에서 조국의 해방과 발전을 위해 노력하였다. 따라서 그들의 유학생활을 당시의 엘리트들이 자신만의 이익과 입신양명을 위해 고국을 떠난 것으로만 평가해선 안 될 것이다.

근대시기 상해의 한인 유학은 능력 있는 한국의 인재 배양은 물론, 한국의 독립을 위해 헌신할 수 있는 인물을 육성하였다. 앞에서 언급했던 인물들 외에도, 재학 중 독립운동을 하다가 체포된 유학생도 있었고, 졸업 후 한국의 교육계에서 활동하며 새로운 대한민국을 꿈꾸었던 유학생도 있다. 당시 상해에서 유학한 한인 유학생의 경력과 이후의 활동을 일일이 살펴볼 수 없지만, 각 영역에서 활약한 한인 유학생의 모습을 통해, 근대 한국 청년들에게 있어서 상해 유학의 의미를 충분히 확인할 수 있을 것이다.

마지막으로, 그들이 상해로 유학을 떠날 때, 그들이 어떠한 생각과 마음가짐을 갖고 상해로 가는 배에 몸을 실었을지, 그리고 유학을 마치고 다시 한국으로 돌아올 때, 어떠한 희망과 목표를 갖고 있었을지 다시 한 번 생각해 보았으면 한다. (이가영)

격동의 바다를 건너
물고기를 연구하다

바지락 칼국수와 물고기 박사

김치 한 점 곁들여 후루룩 먹으면 꽤나 든든해서 간단한 점심 메뉴로 인기가 많은 칼국수. 비가 오거나 찬바람이 불기 시작하면 더 많은 사람들이 찾는 음식 중 하나이다. 칼국수 중에서도 바지락 칼국수는 단연 인기가 있다. 면발과 잘 어우러지는 시원한 국물은 물론 쫄깃쫄깃한 조갯살 덕분에 가성비가 좋기 때문은 아닐까. 그런데 이처럼 바지락 칼국수가 우리네 대중 음식의 대표가 될 수 있었던 것은 여러 가지 이유 중에서도 주재료인 바지락을 손쉽게 그리고 안정적으로 얻을 수 있다는 점이 매우 크다. 아마 다른 조개류와 비교했을 때도 바지락은 이러한 이미지가 있을 것이다.

그렇다면 우리는 어떻게 바지락을 이렇게 친근하게 접할 수 있는 것일까. 수산물의 안정적인 공급 방법에는 여러 가지가 있을 수 있으나 대표적인 것이 바로 양식이다. 바지락도 예외가 아니어서 우리가 부담 없이 맛있게 바지락 칼국수를 먹을 수 있는 것도 전국적으로 이뤄지고 있는 바지락 양식이 큰 몫을 하기 때문이다. 그런데 여기서 한 가지 소박한 궁금점이 생긴다. 바지락 양식은 도대체 언제부터 시작된 것일까.

바지락을 본격적으로 양식하기 시작한 것은 해방 후이다. 한국전쟁 이후 1961년까지 수산, 해운, 조선 등 해양과 관련된 각종 사무를 총괄했던 중앙 행정 기관은 교통부의 외청(外廳)인 해무청(海務廳)이었다. 바지락은 1958년, 이 해무청이 선정한 시범 양식 어장 사업의 대상 품종 중 하나가 되었고 이후 생산량이 점차 증가하였다. 하지만 이보다 먼저 바지락 양식의 가능성을 타진해 본 사람이 있었다. 때는 거슬러 올라가 1943년, 인천 수산시험장장으로 새롭게 부임한 정문기(鄭文基, 1898~1995)이다. 부화한 바지락은 밀물 때는 연안으로 들어오고 썰물 때는 먼 바다로 나가는데 정문기는 연안에 장애물이 많으면 바닷물의 속도가 줄어들어 어린 바지락이 정착, 자라나기 쉬울 것이라는 가설을 세우고 인천 앞바다 선재도에서 실험을 해 보았다. 바위도 가져다 두고 대나무로 된 발로 쳐봤는데 결과는 성공적이었다. 다만 당시는 제2차 세계대전이 막바지로 치닫고 있었던 시기였기 때문에 더 이상의 실험과 실용화는 힘들었을 것이다. 하지만 바지락이 오늘날 우리에게 가장 친숙한 조개로 다가올 수 있었던 것은 이러한 과정이 쌓여왔기 때문이다. 그리고 그 중심에는 『한국어도보(韓國魚圖譜)』, 『한국어보

(韓國魚譜)』, 『어류박물지(魚類博物誌)』 등의 저자, 물고기 박사 정문기가 있었다.

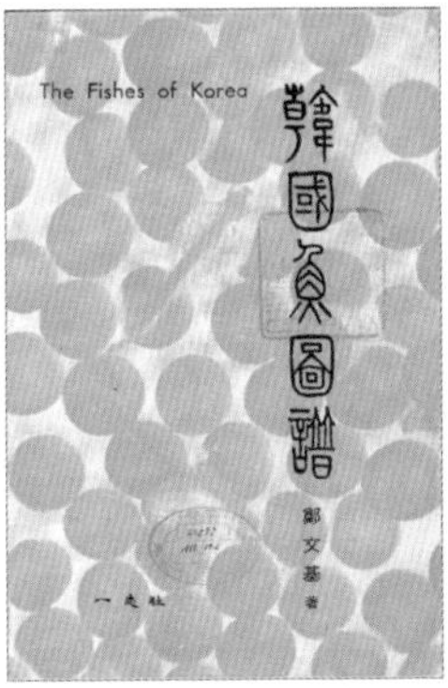

『한국어도보』(출처: 한국해양수산아카이브)
『한국어보』(출처: 국립중앙박물관 e뮤지엄)
『어류박물지』(출처: 한국해양수산아카이브)

수산학과의 만남

『고려대한국어대사전』에 따르면 수산학은 수산 생물의 생태, 분포, 잡는 방법 및 가공, 양식 등에 관해 연구하는 학문으로, 의학, 농학과 같은 응용과학 분야 중 하나면서도 우리에게는 조금 낯선 학문이다. 국내에서 수산학의 역사는 다른 근대 학문과 마찬가지로 일제강점기에 시작한다. 정문기는 그중에서도 가장 초기에 수산학에 뜻을 품은 경우였다. 정문기는 1915년 18살이 되던 해 고향인 전라남도 순천에서 상경하여 서울 경신학교(儆新學校)에서 유학을 시작한다. 그러나 동맹 휴학이 일어나 이듬해 중앙학교(中央學校)로 전학을 가게 되었고 여기에서 처음으로 대학 진학에 뜻을 두게 된다. 회고록에 따르면 정문기는 중앙학교에서 나라 잃은 민족으로서 힘을 기르기 위해서는 학문에 매진해야 하며, 특히 남들이 많이 하지 않고 중요하게 여기지 않는 학문을 하게 되면 단기간에 성과를 얻을 수 있음을 깨달았다고 한다. 그리고 이러한 생각을 바탕으로 구체적인 목표를 세웠는데 바로 도쿄대학(東京大學)에 진학하여 새로운 학문을 공부하는 것이었다.

물론 도쿄대학에 들어가는 것은 호락호락하지 않았다. 당시 도쿄대학에 입학하려면 일본에서 고등학교를 졸업해야 했고 일본 고등학교를 졸업하려면 일본 중학교를 졸업해야만 했다. 이에 정문기는 20살도 넘은 나이에 중학교에 편입하기 위해 대한해협을 건넜고 우여곡절 끝에 시코쿠(四國)에 있는 마쓰야마(松山) 고등학교에 입학한 것은 25살이 되어서였다. 그리고 바로 이 마쓰야마 고등학교에서 수산학과 만나게 된다. 어느 날 독일어 선생님이 수업 시간에 영국 해군과 일본 해군의 이야기를 하면서 이들이 막강한 힘을 가질 수 있었던 근간에는 어장 개발의 경험이 있다고 설명했다. 이 설명이 사실인지 또는 옳은지의 여부를 떠나 25살의 정문기에게 매우 매력적으로 다가왔음은 분명하다. 정문기는 중앙학교 시절부터 민족의 힘을 기르는 하나의 방법으로 대학 진학에 의미를 두어왔는데 그러한 생각이 구체적으로 와닿았기 때문일 것이다. 그리고 당시 유일하게 수산학과가 있던 도쿄대학에 입학하는 목표를 세웠고 마침내 늦깎이 대학생으로 합격하였다.

제국대학의 조선인 학생

정문기가 입학했을 당시 도쿄대학의 정식 명칭은 도쿄제국대학이었다. 메이지유신(明治維新) 이후 근대화와 세력 확대 속에서 제국이 '필요한' '유능한' 인재들을 육성하는 것이 제국대학의 목표였고 도쿄제국대학은 그중에서도 최고봉이었다. 그러한 곳에서 식민지 조선 출신 학생은 무엇을 배우고 어떻게 생활하였을까. 이들에 대해서는 여러 가지 시선과 평가가 있는 것이 사실이다. 그러나 이들에게 특정 시선을 보내고 특정 방향으로 평가하기 전에 주의해야 할 점은 제국대학 조선인 유학생의 삶이 지니는 다양성과 우리 사회에 미친 영향을 직시해야 한다는 사실이다. 그리고 정문기의 경우도 물론 조선인이자 제국대학, 그것도 도쿄제국대학의 학생으로서 여기에 해당할 것이다. 그는 도쿄대학에서 어떠한 시간을 보냈으며 그러한 유학 경험은 우리 사회의 근현대사에 어떻게 투영되었을까.

이들 질문에 대한 답을 찾음에 있어서 한 가지 확실한 것은 정문기가 도쿄대학에서 더욱 수산학에 빠져들었고 유학 경험을 바탕으로 일생을 이에 전념하게 되었다는 사실이다. 도쿄대학 농학부 수산학과에 입학한 정문기는 수산학의 하위 분야가 매우 다양하다는 사실에 놀랐고 그중에서 결국 어류학(魚類學)을 선택하였다. 물고기 박사로서의 첫 걸음이 시작된 것이다. 어류학 중에서도 정문기가 관심을 가진 것은 바로 분류학이었는데 특히 한반도에 사는 다양한 물고기를 어떻게 분류할 것인가라는 문제였다. 도쿄대학에서의 유학 생활은 지적 호기심을 자극하고 이를 충족시키는 데 충분한 것이었다.

이와 관련하여 한 가지 에피소드를 소개하자면 다음과 같다. 도쿄대학 4학년 시절 정문기는 도서관에서 『고사류원(古事類苑)』이라는 책을 발견하는데 이는 1907년, 총 1,000권이라는 방대한 양으로 완성된 일종의 백과사전이다. 『고사류원』은 어떠한 사건, 사물, 인물 등에 대한 근대 이전 일본의 각종 기록, 문헌을 한 곳에 모아놓은 것으로 정문기가 관심을 보인 어류를 포함한 동물부(部)뿐만이 아니라 식물부, 음식부, 종교부, 산업부 등을 포함한다.

정문기는 『고사류원』의 존재에 크게 감탄하였고 조선에서도 이와 같은 것을 만들고 싶었던 것 같다. 이에 도쿄대학을 졸업하고 귀국한 후 10년 동안 틈틈이 수산 관련 고문헌을 36여 권 수집했다. 『임원경제지(林園經濟誌)』, 『세어지(細漁誌)』, 『물명고(物名考)』, 『여지승람(輿地勝覽)』 등 물고기에 관한 전집이나 단행본을 직접 발품 팔아 개인 장서가들을 찾아다니며 모았다. 하지만 그렇게 수집한 것들을 『고사류원』처럼 정리, 출판하지는 못했다. 언뜻 생각하기에도 개인이 할 수 있는 작업은 아니었을 것이다. 어쨌든 도쿄대학에서의 유학 기간 동안 마주했던 학문적 자극은 수산학에 대한 흥미를 더욱 끌어냈고 이후에도 계속해서 연구 조사를 하는 원동력이 되었다.

조선인은 NO!

도쿄대학 졸업 후 정문기는 조선으로 돌아와 1930년부터 조선총독부 식산국(殖産局) 수산과(水産課)에서 일하게 되었다. 제국대학을 졸업한 조선인이 식민지 관료가 되는 것은 흔한 일이었다. 이들의 존재 자체는 식민지의 엘리트로서 모순을 내포하고 생각보다 깊숙이 오래동안 우리 사회에 영향을 미쳤다. 정문기가 수산과에서 담당한 업무는 한반도 주요 수산 자원의 양식이나 번식 보호법과 관련된 것이었는데 이를 위해서는 우선 현재 상태에 대한 충분한 조사가 필요했다. 특히 정문기가 관심을 가진 것은 명태와 김이었다. 명태는 지금도 그렇지만 다양한 이름으로 불리며 우리에게 가장 친숙한 물고기 중 하나이자 역사적으로 중요한 영양 공급원이었다. 그런데 1930년대 당시 명태는 어획량이 줄어 일본 홋카이도(北海道)에서 들여오는 상태였다. 정문기는 이러한 상황을 타개하기 위해서는 명태의 생태 습성을 잘 알아야 한다고 생각하여 조사 연구를 진행하고 노가리 보호, 어법 변화 등을 주장하였다. 한편, 김의 경우, 성분, 종류, 산지, 생산량 등을 종합적으로 파악하는 데 노력하였으며 적극적으로 신문에 글을 기고하였다. 1930년부터 1938년에 걸쳐 동아일보에만 김과 관련된 글을 18회 실었는데 한반도에서 생산하는 김의 우수성과 양식 확대의 필요성을 대중에게도 알리려 한 것이다. 조사 결과는 1937년 『조선해태(朝鮮海苔)』라는 책으로 정리, 발표하였다.

그런데 이렇게 명태, 김에 빠져 있을 때, 정문기에게 주어진 직급은 기수(技手)였다. 기수는 기술관료 직급으로 승진을 하면 고등 관료인 주임관(奏任官) 기사(技師)가 되는 것이 일반적인 과정이었으나 조선인이 기사가 되는 경우는 1930년대 전반만 해도 없었다. 1930년 조선총독부 직원록 자료에 따르면 식산국 아래에는 수산과 이외에 광무과(鑛務課), 상공과(商工課), 지질조사소(地質調査所), 연료선광연구소(燃料選鑛研究所), 상공장려관(商工奬勵館), 농무과(農務課)가 있었고 총 직원 180명 중 32명이 기사였으나 이 중 조선인은 한 명도 없었다. 수산과만 보면 57명 직원 중 조선인 자체가 정문기 혼자였으니 조선총독부 내 조선인의 자리매김이 어떠하였는지는 더 이상 자세히 설명하지 않아도 쉽게 상상할 수 있을 것이다. 기사로 올라가지 못하는 조선인 기수에게는 지방 군수 자리로 옮기는 선택지가 주어졌다. 정문기도 식산국장으로부터 이러한 제안을 받았는데 수산 관련 기술자로 남고 싶다고 거절했다고 한다. 이후 정문기는 기수로서 근무를 이어가다 1930년대 후반 이후 일본이 만주로 세력을 확대해 가는 과정 속에서 조선인에게도 기사 직급을 배정하게 되면서 승진한다. 1939년 기사가 되어 첫 근무는 평안북도 수산시험장에서 시작하였다.

우리의 바다가 돌아왔다

정문기는 목포에서 해방을 맞이하였다. 목포수산시험장장으로 몽탄강에서 연구 조사에 한창이었을 때다. 몽탄강은 옛 무안군 몽탄면과 나주군 동강면을 잇는 영산강 하류를 말하는데 정문기의 회고록에 따르면 이 몽탄강에서 숭어 조사와 김 양식을 마무리 짓지 못해 아쉬워했던 듯하다. 실제 해방 직후 정문기는 목포에서의 업무와 생활을 정리할 겨를 없이 서울로 올라갔다. 그 이유는 미군정의 수산 고문으로 임명되었기 때문이다. 해방 후 시작된 미군정에서 인사는 매우 중요한 문제였다. 일본인 관료들이 빠져나갈 자리를 메워줄 한국인을 채용해야 했는데 이미 냉전 국면으로 접어든 시기였기 때문에 채용 과정에는 사상적 필터링이 작용하였고 결과적으로 추천에 의한 채용이 큰 비중을 차지하였다. 정문기는 수산 고문으로서 수산 분야의 인재들을 추천하는 일을 맡았으며 미군정 본부 수산과의 책임자, 직원은 물론 전국의 수산시험장의 구성원이 대상이 되었다. 이것은 돌아온 우리의 바다가 앞으로 어떠한 방향으로 나아갈지, 그 방향성을 정하는 작업이기도 했다.

그리고 정문기 스스로는 1946년 부산에서 수산시험장장으로 현장에 다시 뛰어들었다. 당시 부산에 있던 수산시험장은 1921년 조선총독부 직속기관으로 영도에 만들어진 것이었다. 미군정에서는 이 기관을 그대로 유지하여 활용 중이었는데, 내부에서는 기존에 있던 일본인 기술자를 하루 빨리 몰아내고자 하여 혼란이 일어난 상태였다. 해방과 함께 이러한 움직임이 일어난 것은 심정적으로는 충분히 납득이 가는 바이나 한 가지 문제가 있었다. 일제강점기 내내 조선의 수산 자원에 관한 온갖 정보는 일본인들이 장악하고 있었다는 점이다. 조선의 수산 자원을 강탈하기 위해 축적한 정보이기는 했지만 해방 후 보다 나은 수산 행정을 펼치고 황폐화된 바다를 다시 살려나가기 위해서는 현황 파악이 반드시 필요했고 따라서 일본인들이 장악했던 정보를 충분히 인계 받아야만 했다. 이에 정문기는 한국인들을 설득하여 당분간 필요한 정보를 얻어내는 동안 일본인 기술자를 머무르도록 했다. 정문기의 이러한 판단에 대해서는 다양한 평가가 있을 수 있겠으나 일제강점 기간 동안 조선인과 일본인 사이에 뿌리 깊게 자리 잡은 행정과 전문지식의 비대칭적 구조 그리고 미군정의 안일한 전후(戰後) 처리 속에서 비단 수산 분야에 국한된 움직임만은 아니었음은 분명하다. 참으로 씁쓸한 사실이다.

역사 속 물고기와의 만남: 『자산어보』 한국어 번역본

정문기가 일본 유학 시절부터 수산 관련 고문헌을 수집하고 이를 정리, 연구하는 데 관심을 가지고 있었다는 것은 이미 앞에서 말한바 있다. 그런데 이와 같은 관심이 결국 결실을 맺은 것은 그의 나이 80세가 되어서였다. 바로 현대 한국어로 번역된 『자산어보(玆山魚譜)』를 출판한 것이다. 『자산어보』는 정약전(丁若銓)이 유배된 흑산도 근해에 서식하는 해양 생물에 대하여 조사, 기록한 바를 1814년 출판한 것이다. 기존에 이러한 주제에서 써진 책들은 중국 문헌에 크게 의존한 내용이었지만 『자산어보』 같은 경우, 정약전이 실제 흑산도에 사는 사람들과 직접 커뮤니케이션하며 알게 된 사실을 바탕으로 써 내려가고자 노력하였다는 점이 특징적이고 그 가치를 높게 평가할 만하다. 다만 이 우리나라 최초의 해양 · 수산 백과사전인 『자산어보』는 난해한 한자로 되어 있어 일반적으로 그 내용을 이해하고 활용하는 데 어려움이 많았다. 게다가 원본 없이 필사본이 여러 있고 각각 내용이 조금씩 달라 더욱 전체상을 파악하기 힘들었다. 정문기는 이에 여러 필사본의 내용을 합하고 알기 쉬운 현대 한국어로 풀어 1977년 『자산어보: 흑산도의 물고기들』을 출판하게 된다.

그런데 『자산어보: 흑산도의 물고기들』이 최종적으로 출판된 것은 1977년이지만 정문기가 『자산어보』에 본격적인 관심을 갖기 시작한 것은 30년도 전인 1943년부터였다. 왜 이렇게 오랜 시간이 걸려서야 출판할 수 있었던 것일까. 정문기가 『자산어보』의 출판에 관심을 갖게 된 계기는 시부사와 게이조(渋沢敬三)와의 만남이었다. 시부사와 게이조는 근대 일본을 대표하는 경제인으로 1942년 일본은행 부총재를 거쳐 1944년에는 총재 자리에 오른 인물이다. 한편 경제인으로서의 면모 이외에 민속학에도 심취하여 전통 공예품, 민예품, 동식물 표본 등을 모아 개인 박물관 및 연구 시설을 열기도 하였으며 특히 어업의 역사, 관련 문화에 관심이 많았다. 일본 요코하마(横濱)에 있는 어촌, 어민의 기층문화 관련 연구로 유명한 가나가와대학(神奈川大學) 일본상민문화연구소(日本常民文化研究所)의 전신도 시부사와 게이조의 개인 박물관 및 연구 시설이었던 아티크 뮤지엄(Attic Museum)이다. 이 시부사와 게이조가 1943년 정문기를 찾아와 조선의 수산 관련 고문헌을 일본어로 번역보지 않겠냐고 제안한 것이다. 정문기는 이러한 제안이 매우 의아했다고 회고한다. 아마도 누

1977년판 『자산어보』
(출처: 한국해양수산아카이브)

구나 그렇지 않았을까 싶다. 정문기는 의아함 속에서 시부사와 게이조에게 『자산어보』를 추천했고 일본어 번역을 시작하였다.

하지만 『자산어보』의 일본어 번역본은 세상에 빛을 보지 못했다. 정문기가 일본어 번역을 마치고 이를 시부사와 게이조에게 보냈을 때가 바로 일본이 제2차 세계대전에서 패전하기 직전이었다. 정문기는 자신이 보낸 번역 원고가 시부사와 게이조에게 무사히 도착했는지를 오래 동안 알 길이 없었다. 그러다 해방 후 6년 정도가 지났을 때 일본에서 시부사와 게이조를 만날 수 있었는데 다행히 원고는 잘 도착해 있었다. 다만 패전 후 혼란스러운 상황 속에서 출판이 여의치 않았던 것 같다. 시부사와 게이조는 시국이 안정되면 출판을 하겠다고 했는데 실제 진행되지는 않았다. 한편, 정문기는 『자산어보』의 한국어 번역 작업에도 착수하여 1977년 출판에 이른다. 정문기는 『자산어보』의 한국어 번역본을 내고 사뭇 시부사와 게이조에게 고마웠던 듯싶다. 스스로 조금은 외롭게 계속 가져온 수산 관련 고문헌에 대한 관심을 눈에 보이는 성과물로 만들어 낼 수 있게 그 계기가 되어줬기 때문이 아닐까. 정문기가 마지막으로 시부사와 게이조의 소식을 들었을 때 그는 이미 20년 전에 세상을 떠난 상태였고 『자산어보: 흑산도의 물고기들』은 시부사와 게이조의 아들에게 출판 내력과 함께 전해졌다.

수산학은 이어진다

정문기는 1947년 국립 부산수산대학교 학장으로 부임한다. 1946년 설립된 국립 부산수산대학교는 현재 국립 부경대학교의 전신으로 1941년 세워진 부산고등수산학교를 모태로 한다. 정문기는 약 2년 5개월 동안 부산수산대학의 학장으로 재임했는데 그 기간 동안 수산학 연구 및 수산 교육의 기반 조성을 시도하였다. 예를 들어 3년 동안 전국 어시장 판매액 중 1%를 부산수산대학교 재건 기금으로 거출할 수 있도록 전국 어업 조합장 회의를 설득하고 첫 해에 당장 이를 실행하여 6천여만 원을 거출, 기숙사를 새로 짓기도 했다. 이러한 그의 노력이 이후 고래 박사 박구병 등의 업적, 예를 들어, 『한국수산업사』(1966), 『한반도 어업사』(1975), 『수산사전』(1984), 『한반도 연해 포경사』(1989)로 이어져 국내에서 수산학이 하나의 학문으로 자리잡는 데 기여했음은 분명하다.

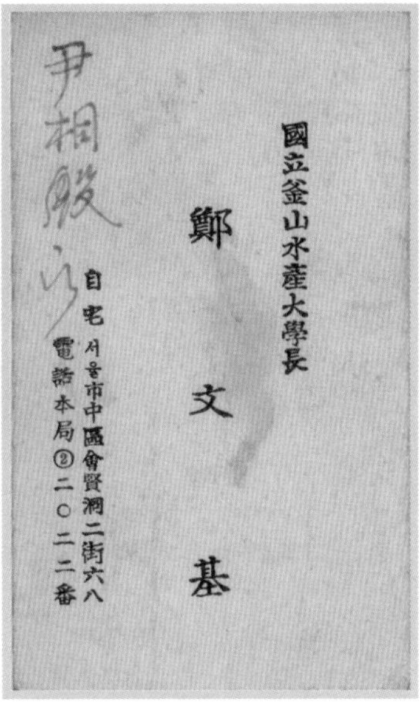

부산수산대학교 학장 시절 명함
(출처: 국립중앙박물관 e뮤지엄)

물고기 박사 정문기의 일생은 대한제국에서 시작하여 일제강점기, 미군정을 거쳐 대한민국에서 끝난다. 1898년부터 1995년까지

부산수산대학 명예박사 취득 기념사진(출처: 한국해양수산아카이브)

약 1세기 100년. 누가 봐도 근현대사의 질곡 깊은 세월을 숨 가쁘게 살았던 인물이다. 그만큼 그의 관료로서의 행적, 연구자로서의 성과에 대해서는 여러 시각에서 긍정적, 비판적 해석, 평가가 존재하며 그러한 작업은 이제 막 시작 단계에 있는 듯싶다. 앞으로 이 격동의 바다를 살았던 물고기 박사에 대하여 더욱 다양한 각도에서 많은 해석과 평가를 마주하는 작업이 필요하지 않을까라는 생각을 해본다. 그리고 그것은 바다를 통해 우리의 근현대사를 다시 한 번 돌아보는 일이기도 할 것이다. (최민경)

참고문헌 · 찾아보기

참고문헌

동아시아 바다에 등장한 서양 상인들

Blake Robert, *Jardine Matheson: Traders of the Far East*, Orion, 1999
하오옌핑, 이화승 옮김, 『중국의 상업혁명-19세기 중 · 서 상업 자본주의의 전개』, 소나무, 2001
하오옌핑, 이화승 역, 『동양과 서양, 전통과 근대를 잇는 상인 매판』, 씨앗을뿌리는사람, 2002
리궈롱, 이화승 역, 『제국의 상인』, 소나무, 2008
劉時平, 『洋行之王-怡和』, 三联书店(香港)有限公司, 2010
김시덕, 『일본인 이야기 1-전쟁과 바다』, 메디치미디어, 2019
강진아, 「근대 아시아 해양과 과국적(跨國的) 상인 디아스포라의 형성-「양행(洋行)」에서 「구교(歐僑)」로」, 『역사학보』 232, 2016
강진아, 「廣東네트워크(Canton-Networks)와 朝鮮華商 同順泰」, 『사학연구』 88, 2007
백지운, 「식민지의 기억, 그 재영토화를 위하여-존스턴별장을 통해 본 동아시아 조계(租界)네트워크」, 『中國現代文學』 第42號, 2007
서광덕, 「동아시아 해항도시의 문화교류와 인적 네트워크 = 동아시아 개항장의 서양 상인들의 궤적을 중심으로」, 『해항도시문화교섭학』 Vol.0 No.10, 2014

선교사 카를 귀츨라프의 동아시아 탐사와 서적 배포 이야기

민정기, 「(역해) 귀츨라프: 세 번째 중국연안 항해의 기록 (1)」, 『中國語文論譯叢刊』 41, 2017.

민정기,「(역해) 귀츨라프: 세 번째 중국연안 항해의 기록 (2)」, 『中國語文論譯叢刊』 42, 2018.
백광준,「19세기 초 서양 근대 지식의 중국 전파 - 'Society for the Diffusion of Useful Knowledge in China'를 중심으로」, 『中國文學』 91, 2017.
오현기,『굿 모닝, 귀츨라프 : 한국에 온 최초의 개신교 선교사』, 성남: 북코리아, 2014.
허호익,『귀츨라프의 생애와 조선선교활동』, 서울: 한국기독교역사연구소, 2009.
Charles Guzlaff(Karl F. A. Gützlaff). *Journal of three voyages along the coast of China in 1831, 1832 and 1833; with notices of Siam, Corea and the Loo-Choo Islands. To which is prefixed an introductory essay on the policy, religion, etc. of China by W. Ellis*, London: Westley et al., 1834.
Peter J. Kitson, *Forging Romantic China: Sino-British Cultral Exchange 1760-1840*, Cambridge University Press, 2013.
Hugh H. Lindsay and Charles Gutzlaff(Karl F. A. Gützlaff), *Report of Proceedings on a voyage to the northern ports of China in the Ship Lord Amherst*, London: B. Fellows, Ludgate Street, 1833.
Jessie G. Lutz, *Opening China: Karl F. A. Gützlaff and Sino-western Relations, 1827-1852*. Grand Rapids, Mich.: William B. Eerdmans Pub. Co., 2008.
Arthur Waley, *The Opium War through Chinese eyes*, Stanford: Stanford University Press, 1958.

일본개국 이후 최초의 공식 방문단, 만연원년견미사절단

玉虫左太夫,「航米日録」, 沼田次郎,「日本思想大系66 西洋見聞集

航米日録(玉虫左太夫)」, 岩波書店, 1974, 1-200쪽.
https://www.1860kenbei-shisetsu.org/history/credit/section-01/(검색일자: 2021년 2월 10일)
http://www7b.biglobe.ne.jp/~ryori-nocty/koubeinichiroku.htm(검색일자: 2021년 2월 17일)
https://www.1860kenbei-shisetsu.org/wp/wp-content/uploads/2020/04/history_1.pdf(검색일자: 2021년 3월 15일)
https://www.1860kenbei-shisetsu.org/wp/wp-content/uploads/2020/04/history_4.pdf(검색일자: 2021년 3월 15일)
http://tozenzi.cside.com/sansen.html(검색일자: 2021년 3월 23일)
https://ja.wikipedia.org/wiki(검색일자: 2021년 3월 27일)

미술의 시대색을 찾아 - 동경미술학교의 조선인 유학생들

김성학,「일제시대 해외 유학생 집단의 교육연구 활동과 서구교육학 도입」, 『교육학연구』 34, 한국교육학회, 1996
김용철,「동경미술학교의 입학제도와 조선인 유학생」,『동악미술사학』 6, 2005
윤범모,「1910년대의 서양회화 수용과 작가의식」,『미술사학연구』, 1994. 9
이구열,『우리 근대미술 뒷 이야기』, 돌베개, 2005
홍성미,「동경미술학교 조선인 유학생 연구-1909년~1945년 서양화과 졸업생을 중심으로」, 명지대 미술사학과 박사논문, 2014

『매일신보』 1916.08.17. 이준공의 초상, 김관호씨의 영광
『매일신보』 1916.10.20. 김관호군의 요사이 그린 그림
『매일신보』 1917.06.19. 대동강의 대유회(大油會)
『매일신보』 1917.06.20. 미술은 자연의 반영, 서양화가 김찬영군

『매일신보』 1915.03.11. 서양화가의 효시
『동아일보』 1925.06.26. 회화연구소 삭성회를 조직
『동아일보』 1915.06.27. 평양에 회화연구소
『조선일보』 1926.07.25. 삭성회 제1회 회화전람 성황
『조선일보』 1927.03.27. 지방소개 八, 민족애에 타오르는 사상단체
『조선일보』 1927.05.23. 미전입선과 평양 삭성회
『조선일보』 1927.09.18. 삭성전람 일반 출품 환영
『조선일보』 1927.08.29. 민중예술 고조할 창광회 발기
『조선일보』 1927.09.02. 조선본위 예술을 고조할 창광회

격동의 바다를 건너 물고기를 연구하다

「수산학」, 『고려대한국어대사전』 (Daum 사전 페이지 (https://dic.daum.net/index.do?dic=kor)).
「조선총독부 및 소속관서 직원록」, 『한국사데이터베이스』 (http://db.history.go.kr/item/level.do?itemId=jw).
김수자(2008), 「미군정 군정기구 운영과 관료임용 정책」, 『향토서울』 71, pp.5-37.
정문기(1968), 『論文隨筆集：島汕鄭文基博士古稀記念』, 한국수산기술협회.
정문기(1983), 「流水回顧錄」, 『나의 걸어온 길: 學術院 元老會員 回顧錄』, 대한민국 학술원.
정종현(2019), 『제국대학의 조센징』, 휴머니스트.
정준영(2014), 「조선총독부 '식산'행정과 산업관료」, 『사회와 역사』102, pp.85-133.

찾아보기